Heinz

DAS SCHWARZE SIND DIE BUCHSTABEN

LAPPAN

*Zugeeignet alle denen,
die Sinn für Unsinn haben.*

PROLOG

Nicht immer war ich schon so alt –
das machten erst die Jahre.
Die Stirne wuchs mit dem Verstand
im Laufe meiner Haare.
Nun wünsch ich mir, dass, was ich schrieb,
auch frohe Leser findet,
dann möge dieser Band das Band
sein, welches uns verbindet.

LEITANWEISUNG ODER GEBRAUCHS-FADEN FÜR DIE BENUTZUNG DES VORLIEGENDEN BUCHES

Wer – durch welche Umstände auch immer – in den Besitz dieses Buches gelangt, ist möglicherweise zunächst unschlüssig, was er damit anfangen soll. Darf ich deshalb im Folgenden einige Richtlinien zur Kenntnis geben?

Wer junge Kinder hat, der überlasse ihnen dieses Buch! Sie können die weißen Stellen mit Männchen bemalen oder die abgebildeten Personen ausschneiden und ihnen lustige Bärte ankleben …

Ganz kleinen Kindern mag dies Buch als Unterlage dienen, falls ein paar Zentimeter bis zur Suppe fehlen …

Sollte der Tisch ein zu kurzes Bein haben: Selbst zur Behebung dieses Notstandes ist dies Buch geeignet – ebenfalls zur Zermalmung lästiger Kerbtiere …

Für ältere Ehepaare jedoch ist es schier unentbehrlich; denn gibt es ein besseres Wurfgeschoss? Allerdings muss der Werfer streng darauf achten, dass sich der Gegenwind während des Fluges nicht in den Seiten verfängt und dadurch die Flugbahn des Geschosses verändert oder gar bremst!

Aus diesen kurzen Beispielen ist ersichtlich, wie nutzbringend die lächerlichen paar Mark, die dies Druckerzeugnis gekostet hat, angelegt sind …

Und nun kommt die große Überraschung: Man kann in diesem Buch auch lesen!
Das Schwarze sind die Buchstaben!
Man lese sie am zweckmäßigsten reihenweise von links nach rechts; denn wollte man es von rechts nach links tun,

.nies tkcurdeg murehsredna eis netssüm nnad

Da sich aber in Europa das Von-links-nach-rechts-Lesen immer mehr einbürgert, haben wir es bei dieser Lesart belassen.
Um einen möglichst großen Leserkreis zu erfassen, hat der Autor besondere Rücksicht auf die Diabetiker genommen: Man wird das Wort *Zucker* vergeblich suchen!
Auch hat er für diejenigen, die an Übergewicht leiden oder Diät leben müssen, *fett* Gedrucktes vermieden!
Bevor ich jedoch mein Musenkind der Öffent- und damit der Lächerlichkeit preisgebe, muss ich schnell mal brechen – und zwar eine Lanze für jene Leser, die mehr der *abstrakten* Kunst zugeneigt, also mit meinen gegenständlich primitiven Gedanken, Worten und Sätzen nicht viel anzufangen wissen, sind!
Diesen bleibe es unbenommen, Wortfolgen nachstehender Machwerke willkürlich aus den Satzgebilden herauszulösen, ja, selbst einzelne Buchstaben innerhalb eines Wortes beliebig umzustellen und die Zeilen

grafisch aufzulockern. Als Beispiel möge der Anfang des Gedichts *Zellen* (Seite 99) dienen:

l
e enl alfulae äle f benle komm t
z sad sau eizell=

ner, . ? ! : ; usw. usw.

Auch der unbefangene Leser wird zugeben müssen, dass so dieses Buch für den modernen Menschen über Jahre hinaus anregend bleibt! Was man nicht von jedem Werk unsrer Literatur behaupten kann …

INHALT

LIEBES LEBEN

ZU BEGINN

Es war an einem 20. Februar.
Das Thermometer zeigte 11 Grad minus und die Uhr 11 Uhr vormittags, als vor unserem Haus das Hauptwasserrohr platzte. Im Nu war die Straße überschwemmt und im gleichen Nu gefroren. Die umliegenden Kinder kamen zuhauf, um auf ihren Schuhen schlitt zu laufen.
Ich selbst konnte mich an diesem fröhlichen Treiben nicht beteiligen, weil ich noch nicht geboren war. Dieses Ereignis fand erst gegen Abend statt.
Und da war die Eisbahn längst gestreut und unbrauchbar geworden.
Das Eislaufen habe ich bis heute nicht gelernt. Auch schwimmen kann ich nicht. Aber zeichnen!

Also zeichne ich hochachtungsvoll
Ihr 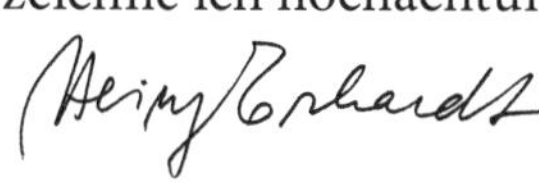

WIESO ICH DICHTER WURDE

Als ich das Gaslicht der Welt erblickte, war ich noch verhältnismäßig jung.

Meine Eltern waren zwei Stück, und mein Vater war sehr reich: Er hatte zwei Villen, einen guten und einen bösen.

Und eines Tages – es war sehr kalt, und ich fror vor mich hin, denn nicht nur meine Mutter, auch der Ofen war ausgegangen – teilte sich plötzlich die Wand, und eine wunderschöne Fee erschien! Sie hatte ein faltenreiches Gewand und ein ebensolches Gesicht. Sie schritt auf meine Lagerstatt zu und sprach also: »Na, mein Junge, was willst du denn mal werden?« Ich antwortete – im Hinblick auf meine ziemlich feuchten Windeln: »Ach, gute Tante, vor allem möcht ich gern ›dichter‹ werden!« Das hatte die Fee missverstanden, was du, geduldiger Leser, dem vorliegenden Buch unschwer entnehmen kannst!

FRÜHESTE KINDHEIT

Die Überschrift verbrachte ich in *Riga,* wo ich quasi zweimal zur Welt kam: am 7. Februar nach russischer und am 20. Februar nach hiesiger Zeitrechnung.

Im Datum, das muss man den Russen lassen, waren sie uns entschieden voraus!

Während in jenen Tagen Mütterchen Russland von Väterchen Zar beherrscht wurde, wuchs ich ziemlich unbeherrscht auf; denn meine Eltern waren meine Großeltern.

Sie waren so gut zu mir, dass es schon wieder schlecht war! Wenn ich, Gott behüte, nur einmal nieste, musste ich für eine Woche ins Bett, und hustete ich gar, für zwei Wochen! Schließlich war ich derart verweichlicht, dass ich nur noch nieste oder hustete – oder beides.

Trotzdem erinnere ich mich eines Tages, an dem ich nicht im Bett lag.

Er war herrlich warm, und ich tollte mit meiner Njanja – so hießen die dortigen Kindermädchen – im Garten herum, obwohl die Njanja wahrscheinlich viel lieber ruhig dagesessen hätte …

Auf der Terrasse aber saß Großmütterchen und häkelte. Oder strickte.

Sie saß auf einem Klappstühlchen, und an einem Bein (des Klappstühlchens) war unser Mops Doggi angebunden. Plötzlich musste er eine Möpsin oder etwas in der Art auf der vorüberführenden Straße gewittert haben …! Kurz und gut – oder vielmehr gar nicht gut: Er nahm einen gewaltigen Anlauf und raste mitsamt dem Klappstühlchen – aber ohne Oma – von dannen!

Großmütterchen hatte inzwischen auf den harten Steinen der Terrasse Platz genommen, worüber ich in unbändiges Lachen ausbrach – ein Beweis für meinen schon damals stark ausgeprägten Sinn für Humor … Großmütterchen hatte aber keinen! Nachdem sie sich mithilfe der Njanja erhoben hatte, erhielt ich die erste Ohrfeige meines Lebens – nicht ahnend, wie viele Ohrfeigen ich späterhin von anderen noch würde einstecken müssen …

Natürlich fing ich jämmerlich zu weinen an. Das wiederum rührte Großmütterchen. Sie nahm mich auf ihren ausgedehnten Schoß und drückte mein Gesicht an ihre ebensolche Brust.

Als ich mit dem Weinen nachließ und das Antlitz wieder erhob, war ich völlig schwarz: Die Pailletten von Großmütterchens Kleid hatten abgefärbt …

Nun war es an Großmütterchen, herzlich zu lachen! Überhaupt zeichnete sich unser Garten durch Lachen aus – besonders nach starken Regenfällen …

DAS GLÜCK

Siehst du das Glück, lauf hinterher.
Sei dazu – nicht zu träge.
Bedenk – das Glück geht meist
recht eigenart'ge Wege.
Wenn du mit Laufen nichts erreichst,
so kriech, wenn man dich kriechen lässt.
Gib niemals auf, greif nach dem Glück.
Und hast du Schwein – dann halt es fest.

APHORISMEN

Ich könnte manchmal vor Glück eine ganze Allee von Purzelbäumen schlagen.

Ich brauche nur fett Gedrucktes zu lesen, schon nehme ich zu.

Viele Menschen haben sich ihre eingebrockte Suppe selbst zuzuschreiben.

Manche Hab- und Gutseligkeiten sind nur ein Tropfen auf den hohlen Zahn.

Eitle Männer sind wie Kleiderständer, an denen nichts hängt.

Eine Frau, die vor ihrem Mann keine Geheimnisse hat, hat entweder keine Geheimnisse oder keinen Mann …

Manche Menschen wollen immer nur glänzen, obwohl sie keinen Schimmer haben.

Ein Faulpelz ist ein Mensch, der nichts so gerne tut – wie nichts.

Besser eine Stumme im Bett als eine Taube auf dem Dach.

Was ist paradox? Wenn man ein eingefleischter Vegetarier ist.

Für einen Vegetarier ist Fleisch eine verbotene Frucht.

ANHÄNGLICHKEIT

Das Kind hängt an der Mutter,
der Bauer an dem Land,
der Protestant an Luther,
das Ölbild an der Wand.
Der Weinberg hängt voll Reben,
der Hund an Herrchens Blick,
der eine hängt am Leben,
der andere am Strick …

BILANZ

Wir hatten manchen Weg zurückgelegt,
wir beide, Hand in Hand.
Wir schufteten und schufen unentwegt
und bauten nie auf Sand.
Wir meisterten sofort, was uns erregt,
mit Herz und mit Verstand.
Wenn man sich das so richtig überlegt,
dann war das allerhand.

DER KLEINE ENGEL

Geht ein kleiner Engel
durch das kleine Haus.
Löscht die kleinen Lichter
und die Lampe aus.
Drückt die müden Augen
sanft und heimlich zu,
spannt die bunten Träume
über deine Ruh.
Hält zu deinen Häupten
dann die ganze Nacht
mit zwei weißen Flügeln
treu und lautlos Wacht.

FESTE

Der Karpfen kocht, der Truthahn brät,
man sitzt im engsten Kreise
und singt vereint den ersten Vers
manch wohlvertrauter Weise.
Zum Beispiel »O du fröhliche«,
vom »Baum mit grünen Blättern« –
und aus so manchem Augenpaar
sieht man die Träne klettern.
Die Traurigkeit am Weihnachtsbaum
ist völlig unverständlich:
Man sollte lachen, fröhlich sein,
denn ER erschien doch endlich!

Zu *Ostern* – da wird jubiliert,
manch buntes Ei erworben!
Da lacht man gern – dabei ist ER
erst vorgestern gestorben …

DIE WEIHNACHTSGANS

Tiefgefroren in der Truhe
liegt die Gans aus Dänemark.
Vorläufig lässt man in Ruhe
sie in ihrem weißen Sarg.

Ohne Bein, Kopf und Gekröse
ruht sie neben dem Spinat.
Ob sie wohl ein wenig böse
ist, dass man sie schlachten tat?

Oder ist es doch zu kalt ihr?
Man sieht's an der Gänsehaut
Nun, sie wird bestimmt nicht alt hier:
Morgen wird sie aufgetaut.

Hm, welch Duft zieht aus dem Herde
durch die ganze Wohnung dann!
Macht, dass gut der Braten werde,
morgen kommt der Weihnachtsmann!

EIN WEIHNACHTSLIED

Es ist Weihnachten geworden.
Kalter Wind bläst aus dem Norden
und hat Eis und Schnee gebracht.

Doch am Weihnachtsbaum die Kerzen,
die erwärmen unsre Herzen,
und des Kindes Auge lacht.

Und man sieht auf den verschneiten
Straßen weiße Engel schreiten
durch die stille, heil'ge Nacht.

EIN OSTERGEDICHT

Wer ahnte, dass zum Weihnachtsfest
Cornelia mich sitzen lässt?

Das war noch nichts: Zu Ostern jetzt
hat sie mich abermals versetzt!

Nun freu ich mich auf Pfingsten –
nicht im Geringsten!

GÄNSEBLÜMCHEN

Ein Gänseblümchen liebte sehr
ein zweites gegenüber,
drum rief's: »Ich schicke mit 'nem Gruß
dir eine Biene rüber!«

Da rief das andere: »Du weißt,
ich liebe dich nicht minder,
doch mit der Biene, das lass sein,
sonst kriegen wir noch Kinder!«

PAPPIS WIEGENLIED

Schlafe ein, mein Schätzchen,
und träum von einem Kätzchen,
von Püppchen, bunten Steinchen,
schlafe ein, schlaf, Kleinchen!
Schlafe ein, mein Bübchen,
ein Engel geht durchs Stübchen
ganz leis auf nackten Beinchen,
schlafe ein, schlaf, Kleinchen!
Während nun der gute Mond am Himmel lacht,
sitzt dein Pappi hier am Bettchen und bewacht
dich, mein holdes Schätzchen.
Es schlafen schon die Kätzchen,
die Püppchen und die Steinchen,
schlafe ein, schlaf einchen!

GEDANKEN AM SAMSTAGABEND

Im Wasser schwimmt der Gummischwamm,
denn heut ist Samstag, und ich bade.
Zwei Zähne fehlen mir am Kamm,
es duftet laut nach Haarpomade. –

Das Wasser tropft ins Abflussrohr,
der Stöpsel scheint nicht gut zu schließen.
Ich habe Seife in dem Ohr
und Hühneraugen an den Füßen. –

Das Wasser ist schon stark getrübt,
nur mühsam wälzen sich die Fluten.
Ich bin seit vorgestern verliebt,
da hilft kein Blasen und kein Tuten. –

GROSSMAMAS LIED

Ich sitze da und stricke Strumpf. –
Und unterm Hause ist ein Sumpf.
Drum steht das Haus nach vorn geneigt,
so wie ein Geiger, wenn er geigt.
Ich seh Musik ganz in der Ferne
und höre über mir die Sterne,
das klingt in meinem Kopf so dumpf.
Ich sitze da und stricke Strumpf. –

HEIMLICHE LIEBE

Wenn ich ’ne kleine Fliege wär,
dann hätte ich es nicht so schwer:
Ich würd’ mich – ohn’ dich zu verletzen –
auf deine roten Lippen setzen.
Und würdest du – ohn’ Überlegung –
durch eine kurze Handbewegung
mich kleines Ding verscheuchen wollen –
ich flöge fort, ohn’ dir zu grollen.
Und fragt mich meine Frau, die Süße:
»Wieso hast du so rote Füße?«,
dann würd’ ich rot auch im Gesicht –
doch dich verraten – – – würd’ ich nicht …

WAS WÄR' …

Was wär' ein Apfel ohne –sine,
was wären Häute ohne Schleim,
was wär' die Vita ohne –mine,
was wär'n Gedichte ohne Reim?

Was wär' das E ohne die –lipse,
was wär' veränder ohne –lich,
was wären Kragen ohne Schlipse,
und was wär' ich bloß ohne dich?

POLYGAM

Wenn einer viele Fraun sich nahm,
so nennt man so was „polygam",
genügt ihm aber eine schon,
nennt man den Zustand „monoton".

FRAU WIRTIN

Frau Wirtin hatte einen Tänza,
den kriegte, ach, die Influenza
in ihre bösen Fänge.
Nun lag mit vierzig er im Bett –
na, das war ein Gedränge …

DAS WÄRE SCHÖN

Ich glaube, manche junge Frau,
die würd' vor Glück zerspringen,
würd' ihr der Klapperstorch zum Kind
auch gleich den Vater bringen.

GLÜCK BEI FRAUN

Ich hatte großes Glück bei Fraun
Ja – mir gefiel fast jede.
Man sieht hieraus, wie alt ich bin,
weil ich gern darüber rede.

FRÄULEIN MABEL*

(Der Verfasser bittet, diesen Namen, wie so vieles heute, *englisch* auszusprechen, also Mebel. Diese Bitte bezieht sich natürlich auch auf die entsprechenden Reimwörter. Danke!)

Alle Frauen, die
mit tausend Reizen ausgestattet,
durch das Weichbild unsrer Stadt lustwandeln, die
habe ich nicht lieb, denn
die sind nicht mein Typ, ich
brauche etwas andres fürs Gemüt. Zum Beispiel:
Fräulein Mabel, die
durch wenig Schönheit ausgezeichnet,
still und unbemerkt durchs Leben schreitet, ist
mir nicht einerlei, und
weil sie mir stets treu, drum
widme ich ihr dieses schöne Lied!

Kennen Sie denn schon das Fräulein Mabel?
Würden Sie sie sehn, würd's Ihnen abel!

---

* *Dieses Chanson hatte der Verfasser zu Beginn seiner kabarettistischen Tätigkeit ungefähr 3137-mal am Klavier vorgetragen. Er bittet alle Geschädigten, die seinerzeit Zeugen dieses Vortrages wurden, aber heute noch leben, nachträglich um Verzeihung.*

Beine hat sie dünn so wie ein Säbel –
meine süße kleine Freundin, Fräulein Mabel.

Kennen Sie denn schon das Fräulein Mabel?
Ausgeschnitten geht sie bis zum Nabel,
deshalb hab ich auch für sie ein Faible –
für die süße kleine Freundin, Fräulein Mabel.
Manche gibt es, die mir heute
dieses stille Glück nicht gönnen
nur deshalb, weil diese Leute
so was nicht verstehen können!
Kennen Sie denn schon das Fräulein Mabel?
Sie bewohnt gleich nebenan 'ne mabel-
ierte kleine Wohnung unterm Gabel –
meine süße kleine Freundin, Fräulein Mabel.

DER IGEL

Der Igel sprach zur Igelin:
„Du weißt nicht, wie verliebt ich bin!
Ich liebe dich wie nichts so."

Dann drückte er sie fest an sich,
worauf sie schrie: „Auch ich lieb dich,
doch lass das sein, du stichst so!"

DAS FENSTER

Es traf sich so, dass sie sich trafen.
Er fragte, ob – – –, sie sagte: »Nein,
es geht nicht, meine Eltern schlafen!«
Dann ließ sie ihn zum Fenster rein.

Es zog durchs Fenster … Nun, man schloss es …
Nun zog es nicht mehr … Man genoss es …

Doch als sie sprach: »Geliebter Gangster,
wir sind verlobt, nun bist du mein«,
schlug er von innen erst ihr Fenster
und dann den Weg nach Hause ein.

BALTISCHE AUFFORDERUNG*

Schatzchen! Komm mit mir auf Wiese,
Sonnchen strahlt und Blume sprießt!
Übern Arm nimm Schirm und Mantel,
falls der Fall kommt, dass es gießt!

Unter uns wird Mantel liegen,
unterm Schirm, da werden wir.
Keiner kann dann nichts was hören,
was ich sag – und was du mir …

---

* *geeignet ab 18*

DER EINBRUCH

Durch das angelehnte Fenster
steigt der jugendliche Gangster* –
er will nämlich die Juwelen,
die im Nachttisch liegen, stehlen!

Schon zieht sacht er an der Lade – – –
da erwacht – und jetzt gerade!
die Frau Gräfin aus dem Schlaf:
»Kommst du endlich, lieber Graf?«,
flüstert sie und schlägt die Decken
ganz zurück … Voller Erschrecken
übern Anblick springt der Gangster
ohne Schmuck schnell aus dem Fenster** – – –!

Und er gibt sich das Versprechen,
nie wieder bei *alten* Damen
(auch mit adeligem Namen)
einzubrechen!

---

* *Sollte jemand meinen, der Reim Fenster – Gangster sei nicht gut, so möchte ich hier unten ausdrücklich betonen, dass ich nie behauptet habe, er sei es!*

** *Siehe **

APHORISMEN

Als ich geboren wurde, war
ich noch sehr jung.

Solange es Haare gibt, liegen sich
die Menschen in denselben.

Freunde, hütet euch vor diesen, die
da husten, wenn sie niesen!

Das Lernen macht stets dann Verdruss,
wenn man's nicht will, es aber muss.

Jeder sollte sein eigener Hirte sein
und sich hüten – und zwar davor,
dass einem die anderen
das Fell über die Ohren hauen.

Wer beim Schwimmen untergeht,
ist noch lange kein Taucher.

Es darf kein Äußerstes geben, zu dem
wir nicht entschlossen wären, und
keine Lauer, auf der wir nicht lägen.

Das mittlere Alter ist da, wenn der Haarschnitt
allmählich in Naturschutz übergeht.

Masseure sind die Linienrichter
im Kampf gegen die Kalorien.

Ich reibe mir Morpheus' Arme aus den Augen, werfe
mir den Hut um die Schulter und lebe sinnlos mäßig.

Die meisten Ehen scheitern an
Unterhosen und Lockenwicklern.

KINDER

Kinder haben es so leicht,
haben keine Sorgen,
denken nur, was mach ich *jetzt*,
nicht, was mach ich *morgen …?*
Kinder haben es so schwer,
dürfen niemals mäkeln
und sich wie der Herr Papa
auf dem Sofa räkeln …

Kinder haben es so leicht,
dürfen immer spielen,
essen, wenn sie hungrig sind,
weinen, wenn sie fielen …
Kinder haben es so schwer,
müssen so viel lernen und,
wenn was im Fernsehn kommt,
sich sofort entfernen …

Kinder haben es so leicht,
naschen aus der Tüte,
glauben an den lieben Gott
und an dessen Güte …
Kinder haben es so schwer,
müssen Händchen geben
und auf dieser blöden Welt
noch so lange leben …

DIE MAURITIUS

Herr Heinrich Franz von Ohnegleichen,
der sammelte gern Postwertzeichen
mit Zähnen und mit glatten Rändern
aus Übersee und andern Ländern
und klebte sie – alle vereinigt,
jedoch geordnet und gereinigt –
ins Album, wie man das so muss!
Nur fehlte die *Mauritius!*

Was hatte er nicht unternommen,
um diese Marke zu bekommen!!!
Ja, selbst als er der Minne frönte
mit Minna, die ihn arg verwöhnte,
so fragte er bei jedem Kuss:
»Hast du nicht die *Mauritius?*«

Bald brachte beiden Adebar
ein Kind, das zwar ein Mädchen war,
doch Heinrich fasste den Entschluss:
»Die nennen wir *Mauritius!* –

Gewiss, der Name passt nicht recht
für'n Kind von weiblichem Geschlecht –
doch sei 's! Zu End sei der Verdruss:
Ich hab eine *Mauritius!*« –

Sehr früh schon ging das Mädchen gern
in Bars, damit es tanzen lern
und dadurch körperlich erstarke!
Na, sie wurde vielleicht 'ne Marke – – –

AM KAMIN

Es gibt recht viele, die noch immer
vom englischen Kamine schwärmen.
Er kann so leidlich zwar das Zimmer –
doch ich mich nicht für ihn erwärmen.

Wenn ich vor solchem Möbel sitze
– ich muss das wirklich mal erwähnen –,
so hab ich vorne große Hitze
und klappre hinten mit den Zähnen. –

Sitzt du jedoch bei mir ganz dicht,
legst um mich deinen lieben Arm,
dann gilt das, was ich sagte, nicht – – –
dann hab ich es auch hinten warm!

SCHÖNE AUSSICHTEN

Ich habe ein Fenster im Zimmer
(das Fenster, das hatt ich schon immer),
doch lohnte es nie, zum Fenster zu gehn,
denn meine Aussicht ist gar nicht so schön:
nur eine Mietskaserne!

Doch wie ich neulich, ganz aus Versehn,
kam in die Nähe vom Fenster zu stehn,
bemerkte ich plötzlich schräg vis-à-vis
ein weibliches Wesen so schön wie noch nie!

Nun guck ich ziemlich gerne …

ABENDFRIEDEN

Die Oma murmelt leise vor sich her –
sie spricht mit Opa, doch den gibt's nicht mehr …
Im Bettchen nebenan schläft süß das Kind …
Die Mutter strickt … Der Vater spinnt …

DER ANGLER

Ein Angler steht am See,
er hält die Angel in die Höh',
will fangen einen Barsch,
das Wasser steht ihm bis zum Knie.

(Reimen tut sich das erst, wenn die Flut kommt.)

BEI OPA

Der Opa ist ein frommer Mann
und liest in seiner Bibel.
Die Oma schneidet nebenan
für 's Abendbrot die Zwiebel.
Der Opa ist ein frommer Mann
und weint ob seiner Sünden.
Auch Omama weint nebenan,
jedoch aus andern Gründen.

DIE UHRSACHE

Die Rathausuhr geht unentwegt,
und immer scheint sie aufgeregt,
weil – ist sie auch schon hochbetagt
sie innerlich die *Unruh* plagt – – –
was sich auf uns dann überträgt …

GERÜCHTE UM GERICHTE

Es gibt Gerüchte,
dass Hülsenfrüchte –
in Mengen genommen –
nicht gut bekommen.

Das macht ja nichts, ich finde das fein!
Warum soll man nicht auch mal ein *Blähboy* sein?!

CHOR DER MÜLLABFUHR

Kommt! Lasset von Tonne zu Tonne uns eilen!
Wir wollen dem Müll eine Abfuhr erteilen!

Auf! Machen wir, dass jede Tonne sich leere!
Wir sind dazu da, denn wir sind Müllionäre!
    Müllirallala, Müllirallala!

URLAUB IM URWALD

Ich geh im Urwald für mich hin …
Wie schön, dass ich im Urwald bin:
Man kann hier noch so lange wandern,
ein Urbaum steht neben dem andern.
Und an den Bäumen, Blatt für Blatt,
hängt Urlaub. Schön, dass man ihn hat!

DAS STECKENPFERD

Der eine liebt Konkretes nur,
der andre das Abstrakte,
der Dritte schwärmt für die Natur
und deshalb für das Nackte.
Der Vierte mag nur Fleisch vom Schwein,
der Fünfte Milch und Eier,
der Sechste liebt den Moselwein,
der Siebte Fräulein Meier.
Für jeden gibt es was von Wert,
für das er lebt und streitet,
und jeder hat sein Steckenpferd,
auf dem er immer reitet.

FUSSBALL

Vierundvierzig Beine rasen
durch die Gegend ohne Ziel,
und weil sie so rasen müssen,
nennt man das ein Rasenspiel.

Rechts und links stehn zwei Gestelle,
je ein Spieler steht davor.
Hält den Ball er, ist ein Held er,
hält er nicht, schreit man: »Du Tooooor!«

Fußball spielt man meistens immer
mit der unteren Figur.
Mit dem Kopf, obwohl 's erlaubt ist,
spielt man ihn ganz selten nur.

AN EINEN NICHTSCHWIMMER

Du kannst nicht schwimmen? Ah, deshalb kriegen
dich nicht Baldrian, nicht Kampfer
auf einen Dampfer!
Doch neulich hast du ein Flugzeug bestiegen!
Kannst du denn fliegen? …

FERIEN AUF DEM LANDE

(Ich kam mit meinem Auto an
und Koffern, sechs bis sieben.
Der Motor ging total entzwei,
so musst zuletzt ich schieben.)

Ich wohn in einem Bauernhaus.
Die Milch ist frisch und sahnig.
Die Störchin auf dem Scheunendach,
sie schäkert mit dem Kranich.
Die Kuh macht »muh« – der Ochse auch,
sind schwer zu unterscheiden,
erst wenn man melken will, merkt man
den Unterschied der beiden.
Die Bauersfrau ist jung und schön.
Ich bin bei ihr der Kranich.
Ein Ochse ist ihr Herr Gemahl. –

(Zurück fahr mit der Bahn ich!)

SCHULE

Die Schule ist, das weiß man ja,
in erster Linie dazu da,
den Guten wie den Bösewichtern
den Lehrstoff quasi einzutrichtern;
allein – so ist's nun mal hienieden:
Die Geistesgaben sind verschieden.

Mit Löffeln, ja sogar mit Gabeln
frisst *Kai* die englischen Vokabeln;
Karl-Heinz hat aber erst nach Stunden
die Wurzel aus der Vier gefunden.

Und doch! *Karl-Heinz,* als »dumm« verschrien,
wird Chef – und man bewundert ihn,
und *Kai,* in Uniform gezwängt,
steht an der Drehtür und empfängt
und braucht in Englisch höchstens dies:
»Good morning, Sir!«, und manchmal: »Please!«

Hieraus ersieht der Dümmste klar,
dass der, der »dümmer«, klüger war!

MEINE TANTE

In dem Land, wo die Fakire
tagelang auf Nägeln sitzen
und wo ziemlich wilde Tiere
durch den dichten Urwald flitzen
und wo Elefanten leben,
hat man selten Tanten leben.
Meine aber wohnt in Indien,
und von ihr will ich verkündien.

Sie bewohnt dort eine Villa,
die die Palmen ganz verdecken.
Neulich kam mal ein Gorilla,
meine Tante zu erschrecken.
Aber als er sie gefunden,
kriegt er ’n Schreck – und war verschwunden!
Reize hat sie nicht, ’s ist richtig,
aber Geld, und das ist wichtig.

Abends badet um halb sechse
sie im Quell, sich zu erquicken,
und die tropischen Gewächse
schützen sie vor fremden Blicken.

Mit des Quells geduld’gen Wellen
wäscht sie sich an allen Stellen,
hüllt sich dann in weißes Linnen,
niest ganz kurz und geht von hinnen.

DER VIELASS

Ach, ein Unglück ohne Frage
ist das Essen, doch bei Tage
kann der Mensch nicht ohne dem
sein, und das ist unbequem.
Durch des Mundes enge Schleuse
zwängt mit Mühe man die Speise,
bis sie – klein und weich zerlutscht –
tiefer in den Magen rutscht.
Bald bemerkt man, nicht erheitert,
dass der Bauch sich stark erweitert,
und mit sauerem Gesicht
stellt man fest, dass das Gewicht
sich bedenklich hat verschoben,
und zwar leider Gotts nach oben.

Moral:
Alles im Leben geht natürlich zu,
nur die Hose geht natürlich nicht zu!

EIN STANDPUNKT

Wenn du mit vieler Mühe auf einen Berg gekraxelt bist, so merkst du erst da oben, wie schön es unten ist. Doch hab es nicht zu eilig mit dem Hinuntergehn; es gibt nämlich nichts Schönres, als Über-den-Dingen-Stehn.

APHORISMEN

Manchmal hat es wirklich keinen Sinn, die Stirn zu fletschen und die Zähne zu runzeln.

Wenn eine Frau die Wahl zwischen Liebe und Geld hat, entscheidet sie sich für beides.

Lieber ein kleiner Lackschaden als ein großer Dachschaden.

Bei manchen Menschen geht alles schnell zum einen Ohr rein und zum anderen raus – die haben auch nicht viel dazwischen.

Da kann einer sagen, was er will, das beste Essen ist immer noch das Trinken.

*Das Einzige, was man sich jederzeit nehmen darf,
ohne danach sitzen zu müssen, ist Platz.*

*Manche Frauen sind wie Löschpapier;
sie nehmen alles in sich auf und geben
es anschließend verkehrt wieder.*

*Frauen sind die Juwelen der Schöpfung.
Man muss sie mit Fassung tragen.*

*Wer sich selbst auf den Arm nimmt,
erspart anderen die Arbeit.*

*Liebschaften sind wie Pilzgerichte, ob sie
ungefährlich waren, weiß man erst später.*

*Wenn der Kragen am Hemd nicht sitzt,
handelt es sich häufig um einen Stehkragen.*

WIE WUNDERVOLL IST DIE NATUR!

EIN ZYKLUS

Der Frühling

Und wieder ist es Mai geworden,
es weht aus Süden statt aus Norden.
Die Knospen an den Bäumen springen,
und Vogel, Wurm und Kater singen:
fidirallala, fidirallala.

Der Herbst

Und wieder ward es Herbst hienieden,
es weht aus Norden statt aus Süden.
Die Knospen an den Bäumen ruhen,
und auch die Kater haben nichts zu tuen.
Rallafididi, rallafididi.

LIEBE SONNE

Nach so vielen Regenwochen
kamst du endlich vorgekrochen,
froh sind Menschen, Tier und Gras!

Schein auf unsre Mutter Erde,
dass sie wieder trocken werde,
liebe Sonne, tue das!

Trockne sie und unsre Tränen
und den Kuckuck, der ganz nass!
Schick uns nach langen Qualen

deines Fehlens alle Strahlen –
und besonders diese netten,
diese ultravioletten!

Liebe Sonne, schein uns was!

DER FRÜHLING

Wie wundervoll ist die Natur!
Man sieht so viele Blüten,
auch sieht man Schafe auf der Flur
und Schäfer, die sie hüten.
Ein leises Lied erklingt im Tal:
Der müde Wandrer singt es.
Ein süßer Duft ist überall,
bloß hier im Zimmer stinkt es!

HUMANISTISCHES FRÜHLINGSLIED

Amsel, Drossel, Star und Fink
singen Lieder vom Frühlink,
machen recht viel Federlesens
von der Gegenwart, dem *Präsens.*

Krokus, Maiglöckchen und Kressen
haben längst den Schnee vergessen,
auch das winzigste Insekt
denkt nicht mehr ans *Imperfekt*.

Hase, Hering, Kuh und Lachs,
Elke, Inge, Fritz und Max – – –
alles, alles freut sich nur
an dem Jetzt. Und auf's *Futur.*

PERPETUUM MOBILE

Und der Herbststurm treibt die Blätter,
die ganz welk sind, vor sich her,
und es ist so schlechtes Wetter – – –
ach, wenn 's doch schon Winter wär'!
Und es fallen weiße Flocken,
zwanzig Grad sind es und mehr,
und man friert in seinen Socken – – –
ach, wenns doch schon Frühling wär'!
Und der Schnee schmilzt auf den Gassen,
und der Frühling kommt vom Meer,
einsam ist man und verlassen – – –
ach, wenn 's doch schon Sommer wär'!
Und dann wird es schließlich Juli,
und die Arbeit fällt so schwer,
denn man transpiriert wie'n Kuli –
ach, wenn es doch Herbst schon wär'!
usw. usw.

WINTERANFANG

Verblüht sind Dahlien und Ginster.
Die Rechnung steigt für Öl und Licht.
Die Nächte werden wieder finster.
Der Tag nimmt ab. Die Oma nicht.

SOMMERANFANG

Mit Frischem füllen sich die Keller.
Es sinkt der Öl- und Lichtverbrauch.
Die Nächte werden wieder heller.
Der Tag nimmt zu. Die Oma auch.

ÜBERLISTET

Wenn Blätter von den Bäumen stürzen,
die Tage täglich sich verkürzen,
wenn Amsel, Drossel, Fink und Meisen
die Koffer packen und verreisen,
wenn all die Maden, Motten, Mücken,
die wir versäumten zu zerdrücken,
von selber sterben – so glaubt mir:
Es steht der Winter vor der Tür!

Ich lass ihn stehn!
Ich spiel ihm einen Possen!
Ich hab die Tür verriegelt
und gut abgeschlossen!
Er kann nicht rein!
Ich hab ihn angeschmiert!
Nun steht der Winter vor der Tür – – –
und friert!

DER KALTE WIND

Es wohnt ein Wind in Leningrad,
der pustet kalt,
wer da nicht einen Mantel hat,
der hustet bald.

HEISSER MAI

Es ist sehr heiß.
Leise rieselt der Schweiß.

Sogar die Lerche,
sonst schwer zu zügeln,
flattert ganz langsam:
Sie schwitzt unter den Flügeln.

Und auch die Schwalbe
fliegt nur die halbe
Geschwindigkeit in der Stunde.

In aller Munde
ist dieses Lied:

Leise rieselt der Schweiß –
und das vor Ende des Mais.

DER BERG

Hätte man sämtliche Berge der ganzen Welt
zusammengetragen und übereinander gestellt,
und wäre zu Füßen dieses Massivs
ein riesiges Meer, ein breites und tief's,
und stürzte dann unter Donnern und Blitzen
der Berg in dieses Meer – – – na, das würd' spritzen!

BÄUME IM WALD

Bäume, die lange zusammenstehen,
können sich bald nicht mehr riechen und sehen,
weshalb oft Tannen, ja manchmal selbst Eichen
wünschen, sie könnten ganz heimlich entweichen;
doch – da sie fest mit dem Erdreich verbunden
kraft langer Wurzeln, die man unten gefunden,
und deshalb stehn müssen stramm wie Soldaten –
müssen sie leider des Wunsches entraten.

VON A BIS E

Herr Afeu frug Herrn Befeu:
»Wo bleibt denn bloß Herr Cefeu?«
Da sprach Herr Befeu: »Cefeu?
Der sitzt mit Fräulein Defeu
dort unten hinterm Efeu!«

DAS BLÜMCHEN*

Im Walde ist ein Plätzchen,
ein Plätzchen wunderschön.
Beim Plätzchen steht ein Bänkchen,
das möcht ich wiedersehn.
Beim Bänkchen wächst ein Blümchen,
ein Blümchen, weiß und rot,
das möcht ich gerne pflücken;
denn morgen ist es tot.
Ich will 's ins Wasser legen,
bis dass es fast ertrinkt,
und es so lange hegen,
bis Mutti sagt: »Es stinkt!«

---

* *Dieses Gedicht schrieb der Autor mit 13 Jahren.*

SABINCHEN

Da war ein schneeweißes Karnickel,
das hatte einen schwarzen Pickel
auf der Nase.
Sprach ein Hase:
»Liebe Base,
das geht so nicht mit deiner Warze!
Es kommt ein Jäger, trifft ins Schwarze!
Du musst den Pickel heller färben,
dann lebst du lang, ohne zu sterben!«
Das tat denn auch sofort Sabinchen
(so nämlich heißt dieses Kaninchen)
und lebt heute noch ungestört …
Wie gut, wenn man auf andre hört!

WARUM DIE ZITRONEN SAUER WURDEN

Ich muss das wirklich mal betonen:
Ganz früher waren die Zitronen
(ich weiß nur nicht genau mehr, wann dies
gewesen ist) so *süß* wie Kandis.

Bis sie einst sprachen: »Wir Zitronen,
wir wollen groß sein wie Melonen!
Auch finden wir das Gelb abscheulich,
wir wollen rot sein oder bläulich!«

Gott hörte oben die Beschwerden
und sagte: »Daraus kann nichts werden!
Ihr müsst so bleiben! Ich bedauer!«
Da wurden die Zitronen sauer …

AUSGEFALLENES

Man hat ganz oben auf dem Kopfe
viel tausend Poren, dicht bei dicht.
Und nun – das ist das Wunderbare:
Aus diesen Poren wachsen Haare!!!
Oder auch nicht.

DEN UNVERSTANDENEN

Stumm ist der Fisch, doch nicht nur er:
Auch einen Wurm verstehst du schwer.

Selbst deines treuen Hunds Gebell
entzifferst du nicht immer schnell.

Und bei den Rindern, Hühnern, Schweinen
kannst du nur raten, was sie meinen.

Drum spreche ich als Anwalt hier
für jedes unverstandne Tier.

(Für'n Papagei brauch ich das nicht,
weil er ja für sich selber spricht.)

ARTVERWANDT

Klingling, so klingt's im Großen Belt.
Das ist der Schellfisch, der da schellt.
Er klingelt, nur gemütlicher,
wie die Gebirgskuh südlicher. –

Das war bis heute unbekannt,
dass Kuh und Schellfisch artverwandt.

VOGEL UND BAUM

Man sieht die Lerchen mit Gesang
hoch in die Lüfte steigen.
Nur die mit »e«! Die mit dem »ä«,
die stehen da – und schweigen.

DER SAURIER

Es war einmal ein schauriger,
urzeitgemäßer Saurier.
Er wohnte tief in den Morästen
und hatte keinen Drang nach Westen,
auch nicht nach Süden, nicht nach Norden,
drum war auch nichts aus ihm geworden.
So sehr man es bedauerte,
der Saurier versauerte.
Da er auf jeglichem Gebiete
nichts weiter war als eine Niete,
beschloss er kurz, sich zu verfärben
und für die Nachwelt auszusterben. –
Das war, fürwahr, ein trauriger
und zeitgemäßer Saurier!

FISCHE

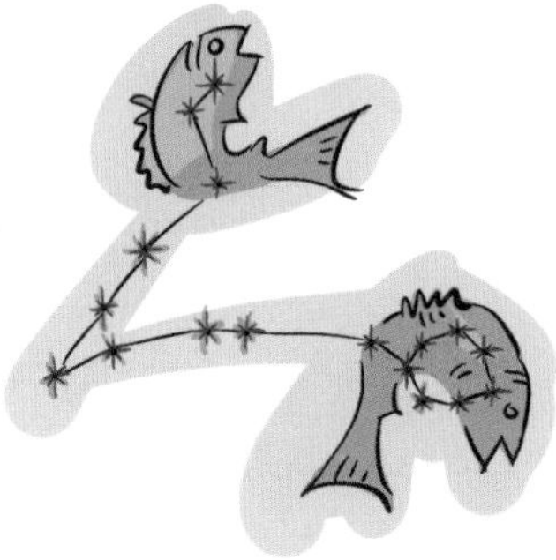

Es gibt viele Arten von Fischen – aber nur wenige Unarten, die sie nicht haben.
Teils bewegen sie sich an der Oberfläche – teils gehen sie in die Tiefe.
Man hat sie zum Fressen gern – besonders die Backfische.
Manch toller Hecht – eben sang er noch aus voller Kieme – zappelt plötzlich an der Angel.
Zu spät fallen ihm die Schuppen von den Augen.
Fische sind sehr sensibel. Werden sie beleidigt, so strecken sie die Seezunge raus und denken sich den Götz. Sie sind eben manchmal etwas barsch … Aber bald reichen sie ihrem Kontrahenten die Flosse – und alles ist wieder gut.
Manche Fische sind aalglatt – und es ist ihre Masche, durch eine Masche des Netzes, mit dem man sie fangen wollte, zu schlüpfen.
Einige nehmen das Maul etwas voll. Das ist nicht schlimm. Es ist nur Wasser.
Fische werden vom 20. Februar bis zum 20. März geboren – also im Mai gezeugt.

Ist es da ein Wunder, dass sie besonders liebevoll geraten sind …?

AN DIE BIENEN

Bienen! Immen! Sumseriche!
Wer sich je mit euch vergliche,
der verdient, dass man ihn töte!
Dass zumindest er erröte!
Denn, wie ihr in Tal und Berg schafft
ohne Zutun der Gewerkschaft,
ohne dass man euch bezahle,
ohne Streik und Lohnspirale,
täglich, stündlich drauf bedacht,
dass ihr für uns Honig macht,
ihr seid's wert, dass man euch ehre!
Wobei vorzuschlagen wäre –
ob nun alt ihr, ob Novizen –
euch von heute ab zu siezen!
Unser Dank, unser Applaus
säh in etwa dann so aus:
»Sehr geehrte Honigbienen!
Wir Verbraucher danken Ihnen!«

DIE UNTERMIETERIN

Du stehst vorm Apfelbaum und lobst:
»Was ist das für herrlich Obst!«
Pflückst einen Apfel, beißt hinein,
verziehst den Mund, fängst an zu spein;
denn eine Made erster Güte
wohnt dort schon lang in Untermiete.
Du stehst vorm Apfelbaum und tobst:
»Wie kommt die Made in das Obst?!«

Die Hülle trügt! – Das Ungeziefer
dringt da im Allgemeinen tiefer…

KLEINER VOGEL

Kleiner Vogel dort im Baum,
sing doch ruhig leiser;
denn wenn du so weiter machst,
wirst du noch ganz heiser!
Und die Stimme, die du hast,
klingt dann nicht mehr länger,
dann brauchst du ein Mikrofon,
wie 'n moderner Sänger …!

DIE MADE

Hinter eines Baumes Rinde
wohnt die Made mit dem Kinde.

Sie ist Witwe, denn der Gatte,
den sie hatte, fiel vom Blatte.
Diente so auf diese Weise
einer Ameise als Speise.

Eines Morgens sprach die Made:
»Liebes Kind, ich sehe grade,
drüben gibt es frischen Kohl,
den ich hol. So leb denn wohl!
Halt, noch eins! Denk, was geschah,
geh nicht aus, denk an Papa!«

Also sprach sie und entwich. –
Made junior aber schlich
hinterdrein; doch das war schlecht!
Denn schon kam ein bunter Specht
und verschlang die kleine fade
Made ohne Gnade. Schade!

Hinter eines Baumes Rinde
ruft die Made nach dem Kinde …

DER HIRSCHKÄFER

Ein Hirschkäfer, der weidete
mit seinen siebzehn Rehen,
und jedermann beneidete
ihn um die vielen Ehen.

Da kam der Knabe Fritz heran –
die Rehkäfer entkamen;
der Hirsch jedoch griff mutig an,
zu schützen seine Damen!

Er musste sterben. – Mit der Lei-
che rannte heim der Bube – – – !
Jetzt ziert des Käfers Hirschgeweih

Schwesterchens Puppenstube …

DIE POLYGLOTTE KATZE

Die Katze sitzt vorm Mauseloch,
in das die Maus vor kurzem kroch,
und denkt: »Da wart nicht lang ich,
die Maus, die fang ich!«

Die Maus jedoch spricht in dem Bau:
»Ich bin zwar klein, doch bin ich schlau!
Ich rühr mich nicht von hinnen,
ich bleibe drinnen!«

Da plötzlich hört sie – statt »miau« –
ein laut vernehmliches »wau-wau«
und lacht: »Die arme Katze,
der Hund, der hatse!
Jetzt muss sie aber schleunigst flitzen,
anstatt vor meinem Loch zu sitzen!«

Doch leider – nun, man ahnt 's bereits –
war das ein Irrtum ihrerseits,
denn als die Maus vors Loch hintritt
– es war nur ein ganz kleiner Schritt –
wird sie durch Katzenpfotenkraft
hinweggerafft! – – –

Danach wäscht sich die Katz die Pfote
und spricht mit der ihr eignen Note:
»Wie nützlich ist es dann und wann,
wenn man 'ne fremde Sprache kann ...!«

DER STIER

Ein jeder Stier hat oben vorn
auf jeder Seite je ein Horn;
doch ist es ihm nicht zuzumuten,
auf so ’nem Horn auch noch zu tuten.
Nicht drum, weil er nicht tuten kann,
nein, er kommt mit dem Maul nicht ran!

DAS KONZERT

Frau Fauna und Frau Flora
spiel'n am Pianoforte
vierhändig und nach Noten
»Lieder ohne Worte«.

Frau Fauna hat die Melodie.
Frau Flora rankt sich drumherum.
Der Mensch hört zu und applaudiert.
Und Gott blättert die Seiten um.

DER KABELJAU

Das Meer ist weit, das Meer ist blau,
im Wasser schwimmt ein Kabeljau.
Da kömmt ein Hai von ungefähr,
ich glaub von links, ich weiß nicht mehr,
verschluckt den Fisch mit Haut und Haar,
das ist zwar traurig, aber wahr. –
Das Meer ist weit, das Meer ist blau,
im Wasser schwimmt kein Kabeljau.

VERRAT

Spinne, Spinne, spinne du
ruhig weiter, ich schau zu.
Bald kommt eine Fliege dann,
die sich nicht befreien kann,
saugst ihr Blut aus, Glied für Glied.
Wünsch dir guten Appetit!

Fliege, Fliege, fliege nur
ruhig weiter durch den Flur.
Doch die Ecke musst du meiden,
willst du nicht entsetzlich leiden,
denn dort hängt ein Spinnennetz!
Böse, Spinne, dass ich petz?

DER GUCK-GUCK

Der Guck-Guck ist ein Vogeltier,
das weiß man ganz genau.
Kommt er jedoch als Hund zur Welt,
so nennt man ihn Schau-Schau.

DER REGENWURM

Ein langer dicker Regenwurm
geriet in einen Wirbelsturm,
der trug ihn bis zum Himmel.
Nun dient er oben, nein, wie fein,
dem allerliebsten Engelein
als Klöppel einer Bimmel.

DER SPATZ

Es flog ein Spatz spazieren
hinaus aus großer Stadt.
Er hatte all die Menschen
und ihr Getue satt.

Er spitzte keck den Schnabel
und pfiff sich was ins Ohr.
Er kam sich hier weit draußen
wie eine Lerche vor.

Er traf hier auch manch Rindvieh,
sah auch manch Haufen Mist …
Er sah, dass es woanders
auch nicht viel anders ist.

DER WURM

Am Fuß von einem Aussichtsturm
saß ganz erstarrt ein langer Wurm.
Doch plötzlich kommt die Sonn' herfür,
erwärmt den Turm und auch das Tier.
Da fängt der Wurm an, sich zu regen,
und Regenwurm heißt er deswegen.

DER VERSTIMMTE ELEFANT

Jede Mücke hat den kleinen
Rüssel, der so oft und gerne sticht,
auch der Elefant hat einen,
aber stechen kann er damit nicht.
Deshalb ist auch unser Riese
leider immer irgendwie verstimmt,
grade so, als ob er diese
Schwäche seinem Schöpfer übel nimmt.

EIN BRIEF AUS HAGENBECK

An Frau
Coco, geb. Cucu, verw. Fips
Urwald
Wenn man reinkommt: 3. Baum links, 4. Astwerk
– Afrika –

Papa, Mama und liebe Geschwister!
Erinnert ihr euch noch an den Mister,
der mich, als ich fröhlich am Aste hing,
fing? –
Das war ein Ding!
Der steckte mich einfach in einen Kasten!
Da saß ich nun drin und musste fasten!
Dann flog und fuhr ich lange Wege – – –
und nun wohn ich hier im Freigehege.
Wir sind zu sechst. Sind ganz verträglich,
bis auf den einen, der ist unmöglich!
Der kratzt sich immer am Arm, am Kiefer –
wahrscheinlich hat er Ungeziefer!
Ich hatte neulich ’nen Schnupfen gekriegt!
Ob das an diesem Eisbärn liegt
da drüben?

Ihr Lieben!
Das Essen ist hier reichlich und schmeckt!
Auch kommt kein Raubtier, das einen erschreckt!
Doch grauenhaft ist an jedem Tage
die *Menschenplage!*
Da strömen sie dann in rauen Mengen
und gucken und schieben und stoßen und drängen!
Und wenn ich auch ganz ruhig sitze,
sie lachen bloß und machen Witze
und reden nichts wie dummes Zeuch!
Und wie geht 's euch?

Euer Schimpi

DER ZWEIFELHAFTE STORCH

Du gehörst zu den'n, die den
Klapperstorch noch nie gesehn,
weil man dazu in der Stadt
wenig Möglichkeiten hat.
Und weil er dir nie erschien,
glaubst du auch nicht recht an ihn. –

Ohne Zweifel gehn dem Storch
solche Zweifel dorch ond dorch,
weshalb er dann schnell und meist
seine Existenz beweist!

DIE GAZELLE

Schreckerstarrt verharrt die Gazelle,
die den Durst an schattiger Stelle
stillt –
denn es naht der König der Tiere.

Aufrichtend das Haupt und alle viere
weit um sich werfend, entfernt
sich sprunghaft das ängstliche Wild,
kunstvoll gehörnt.

ENTE GUT, ALLES GUT

Eine Ente sitzt im Schilfe
und im Boot der Jägersmann.
Gibt 's denn niemand, der da Hilfe
unsrer Ente bringen kann?
Schon sieht man den Hahn ihn spannen,
bums!, das Schrot kracht mit Getöse,
und – die Ente fliegt von dannen.
Sie ist heiter, er ist böse.

DIE FLIEGE

Eine Fliege flog zum Flügel,
huschte leis über die Tasten,
um dann auf dem »gis« zu rasten.
Doch nur zwei Sekunden währte
dieser Aufenthalt, dann kehrte
sie zurück zu ihrer Sippe
und erzählte unumwunden,
sie hätt den guten Ton gefunden.

DAS LAMA

In dem Land des weisen Brahma
lebte jahrelang ein Lama,
dem es niemals wollte glucken,
weit im Bogen auszuspucken.

Schrecklich litt es seelisch wegen
diesem seinem Unvermögen;
und die Tränen war'n ihm nah,
wenn es andre spucken sah.

Heimlich übte es im Sitzen
oder Stehn, den Mund zu spitzen,
um dann zielgerecht durch dessen
Spalt den Strahl herauszupressen;
doch selbst in bequemer Lage
förderte es nichts zutage.

Und – so endet dieses Drama –
schließlich musste unser Lama
vor den Thron des Brahma traben,
ohne je gespuckt zu haben.

WIRKLICH UNERHÖRT

Die Amsel drosselt
ihren lauten Sang.
Die Finken starten schon –
der Weg ist lang …
Die A- und Blaumeisen
sind ganz verstört,
auch sie finden das
wirklich unerhört!!!

Das ist ihnen noch nie begegnet:
ein Sommer, so total verregnet!

Die Drossel amselt,
und es finkt der Star:
»Ade, auf Wiedersehn
im nächsten Jahr!«

DREI BÄREN

Ein Brombär, froh und heiter, schlich
durch einen Wald. Da traf es sich,
dass er ganz unerwartet, wie 's
so kommt, auf einen Himbär stieß.

Der Himbär rief – vor Schrecken rot –:
»Der grüne Stachelbär ist tot!
Am eignen Stachel starb er eben!«
»Ja«, sprach der Brombär, »das soll 's geben!«
und trottete – nun nicht mehr heiter –
weiter …

Doch als den »Toten« er nach Stunden
gesund und munter vorgefunden,
kann man wohl zweifelsohne meinen:
Hier hat der andre Bär dem einen
'nen Bären aufgebunden!

HUND UND HERRCHEN

Egal, von welcher Art und Rasse,
ob tief er bellt, ob hoch er kläfft,
der Hund macht alles auf der Straße –
und auf die Straße sein Geschäft.
Die Katze ist da etwas feiner:
Sie hat ihr Klo, auf das sie geht,
und wie sie liebt, das sah noch keiner –
man hört es höchstens, abends spät.
Der Hund dankt stets für jede Strafe,
er leckt die Hand, die ihn versehrt.
Er ist des Herrchens treuster Sklave –
doch meistens ist es umgekehrt.

VÖGEL

Vögel sind, so steht's im Brehm,
Tiere, welche fliegen,
singen meistens angenehm
und sind schwer zu kriegen.
Fliegen ohne Unterlass,
auch bei größter Hitze,
wär' ich Vogel, ließ ich das,
weil ich so leicht schwitze.

DIE Q

Die Q ist, allgemein betrachtet,
derart beliebt und auch geachtet,
dass einst ein hoch gelahrter Mann
für unsre Q das »Q« ersann.
So bleibt sie nun, ewig beredt,
als Buchstabe im Alphabet. –
Mich wundert's nur, dass manche Kreise
abhold sind dieser Schreibeweise.

DER LEU UND DIE GAZELLE

Durch die Wüste schreitet der Leu,
blickt sich um, als wär' er hier neu,
brüllt!
Schreckerstarrt verharrt die Gazelle,
die den Durst an schattiger Stelle
stillt!
Dann entfernt sich der Löwe nach Norden,
keiner weiß, was aus ihm geworden.
Die Gazell' aber rennt nach Westen –
das war für sie auch am besten …

OBEN OHNE

Natur ist immer dort sehr schön,
wo Bäume ihr zu Berge stehn,
und wenn der Wind behutsam leicht
wie'n Kamm durch diese Bäume streicht.

Doch wo die Berge kahl und steinig,
da ist nichts los! – Sei'n wir doch einig,
dass Schönheit meistens nicht viel zählt,
wenn 's oben fehlt!

WEIDENDE SEEKUH

Die Seekuh weidet auf dem Grund
des Ozeans. Stumm ist ihr Mund;
denn finge an sie, laut zu singen,
würd' ihr das Meer ins Innre dringen –
und dieses Nass, welches sie schluckt,
verdürbe dann das Milchprodukt,
das, schon seit jeher äußerst rühmlich,
wohl jeder Seekuh eigentümlich.

So weidet unsre Meereskuh
mit Appetit, doch ohne Muh …

KNABE MIT ERKÄLTETEM KÄFER

Auf meiner linken Schulter sitzt
ein Käfer, rot mit schwarzen Tupfen.
Er ist vom Fliegen ganz erhitzt,
nun kriegt er sicher einen Schnupfen.
Ich nehm ihn in die Hand und renn
mit ihm nach Haus über die Wiesen.
Er muss sofort ins Warme, denn
ich höre ihn bereits schon niesen.

DAS DINGS

Mitten in Ägyptens Wüste
steht ein riesengroßes Dings,
hinten Löwe, vorne Dame,
jeder weiß: Das ist die Sphinx.
Sehnsuchtsvoll in Richtung Westen
schaut sie steinernen Gesichts.
Würde sie nach Osten gucken,
wär's egal: Auch da ist nichts …

DREI RAUPEN

Ein Melodram

Introduzione

Es steht in diesem Buche hier
so manch Gedicht über manch Tier –
nur über Raupen gab 's noch keins!
Nun, bitte sehr, hier wär' so eins!
Doch ist es (weil 's, ich will 's betonen,
für alle handelnden Personen
ein grauenhaftes Ende nimmt)
für Jugendliche nicht bestimmt!

Thema con variazioni
Drei Raupen schlossen in der Landschaft
von Südtirol ihre Bekanntschaft.
Da wurd' die eine bei den Beeten
vom Gärtner hinterrücks zertreten!
Die zweite wurde unterdessen
vom Spatz erspäht und aufgefressen!
Die dritte aber – diese Raupe
verschied zu Hause an der Staupe!

Coda
Wie grausam ist doch die Natur:
Sie trachtet nach dem Leben nur!

ETWAS ÜBER DEN KUCKUCK

Vorgestern erzählte ein schlichter Jäger seine Erlebnisse aus Wald und Flur. Er plauderte von Bäumen und Tieren, besonders nett aber sprach er vom Kuckuck, der, wie er meinte, in freier Wildbahn ein ebenso verstecktes Dasein führe wie bei ihm daheim an den Möbeln. Der Jäger sagte weiter: »Der Kuckuck lebt hauptsächlich in nach ihm benannten Uhren. Er ist also ein typisches *Uhr*viech. Man findet ihn aber auch im Freien, wo man ihn aber so gut wie fast selten sieht. Doch *wenn* man ihn mal sieht, dann hört man ihn höchstens. Neulich«, fuhr der Jäger fort, »ging ich im Wald einher, als mir plötzlich ein Kuckuck um die Ohren flog. Natürlich *ohne* Uhr! Ich riss nicht nur mich zusammen, sondern auch das Gewehr hoch! Zuerst drückte ich es an die Wange und dann ab! Aber da fiel mir ein, dass man erstens auf Kuckuckse gar nicht schießen darf und zweitens, dass ich mein Gewehr überhaupt nicht bei mir hatte.«
Ich hoffe, dass ich diese Geschichte richtig übersetzt habe; denn obiger Jäger bediente sich natürlich des *Lateins*.

’S KOMMT EIN VOGERL GEFLOGEN

Ein kleiner Spatz kommt angeflattert
und hüpft auf meinen Fuß. Verdattert
entdecke ich in seinem Schnabel
ein Telegramm, und in dem Kabel
telegrafiert Andrea mir:
»Komm bald, ich sehne mich nach dir!«

Spreiz deine Flügel, kleiner Bote,
und flieg zurück zu der Geliebten
und überreich ihr meine Note,
in welcher steht, ich käm’ am siebten!

DAS FINKENNEST

Ich fand einmal ein Finkennest
und in demselben lag der Rest
von einem Kriminalroman.
Nun sieh mal an:
Der Fink konnt lesen!
Kein Wunder, es ist ein *Buch*fink gewesen.

DER SCHMETTERLING

Es war einmal ein buntes Ding,
ein so genannter Schmetterling,
der war wie alle Falter
recht sorglos für sein Alter.
Er nippte hier und nippte dort,
und war er satt, so flog er fort,
flog zu den Hyazinthen
und guckte nicht nach hinten.
Er dachte nämlich nicht daran,
dass was von hinten kommen kann.
So kam 's, dass dieser Schmetterling
verwundert war, als man ihn fing.

DIE SCHNECKE

Mit ihrem Haus nur geht sie aus!
Doch heut lässt sie ihr Haus zu Haus,
es drückt so auf die Hüften.
Und außerdem – das ist gescheit
und auch die allerhöchste Zeit – :
Sie muss ihr Haus mal lüften!

LÖWENZAHN

Löwenzahn ist schon seit jeher
als höchst kriegerisch verschrieen,
denn er lässt bei gutem Winde
Fallschirmtruppen feindwärts ziehen.
Und ich sitz auf der Veranda
und verzehre meine Suppe
und entdecke in derselben
zwei Versprengte dieser Truppe.

DIE KATZE

Die Katze hat ein gelbes Fell
und sitzt auf meinem Schoße.
Sie mag gern Fisch und eventuell
auch Schmorbraten mit Soße.

Auch fängt sie Mäuse dann und wann
und ab und zu – was seh ich! –
mal einen Vogel, doch nur dann,
wenn er des Flugs nicht fähig.

Oft bleibt sie meiner Kate fern;
dann weilt sie gegenüber.
Sie hat zwar meine Kate gern;
doch ist ihr 'n Kater lieber.

EIN KINDERLIED

Eiapopeia, was raschelt im Stroh?
Das sind die lieben Mäuschen, die freuen sich so,
denn die Katze ist krank. Nun ringeln sie 's Schwänzchen
und heben das Köpfchen und machen ein Tänzchen,
drum raschelt 's auch so in dem Stroh.
Eiapopeia, eiapopo.

ZWEI KRÖTEN

Zwei Kröten weiblichen Geschlechts
lustwandeln durch die Heide,
die eine links, die andre rechts,
und Warzen haben beide.
Und trotz der Warzen gehen sie
vergnüglich ihrer Wege
und lachen heimlich über die
moderne Schönheitspflege.

NEE, DAS GEHT NICHT

Das Meer – wenn ich schon drüber spreche –
hat eine feuchte Oberfläche,
die, finden keine Stürme statt,
stets ruhig daliegt, groß und glatt.
So weit wär' alles schön und gut.

Doch was sich *unter* Wasser tut,
das zu erzähln sträubt sich die Feder:
Es frisst den anderen auf ein jeder!
Je größer so ein Fisch, je kesser!
Dort toben Kämpfe bis aufs Messer!

(Was ganz der Wahrheit nicht entspricht,
denn Fisch mit *Messer* geht ja nicht!)

DER BRUMMER

Der Brummer, der mich so geplagt
und den ich hundertmal gejagt
und den ich niemals kriegen konnte,
weil er ja leider fliegen konnte,
und der mir manchen Schlaf verdorben,
der Brummer ist, gottlob, verstorben.
Er starb an Bauchweh und Migräne. –
De mortuis nil nisi bene!

APHORISMEN

Nur ein Hund freut sich,
wenn ihm etwas vorgeworfen wird.

Wer mit den Hunden schläft,
wacht mit den Flöhen auf.

Der Sommer war so heiß,
dass die Bäume den Hunden nachliefen.

Gibt Pferden man eins hinten drauf,
beschleunigen sie vorn den Lauf.

Ich kann keinen Wurm krümmen,
der mir am Herzen liegt.

Die Miniröcke sind so mini geworden,
dass den Motten die Hungersnot droht.

IN NUR VIER ZEILEN

In nur vier Zeilen was zu sagen
erscheint zwar leicht; doch es ist schwer!
Man braucht ja nur mal nachzuschlagen:
Die meisten Dichter brauchen mehr …

DER SCHWUR

„Ich hol vom Himmel dir die Sterne“,
so schwören wir den Frauen gerne.
Doch nur am Anfang! Später holen
wir nicht mal aus dem Keller Kohlen.

ERFREULICH

Es ist gewiss viel Schönes dran
am Element, dem nassen,
weil man das Wasser trinken kann!
Man kann’s aber auch lassen – – –

DIE NASE

Wenngleich die Nas, ob spitz, ob platt,
zwei Flügel – Nasenflügel – hat,
so hält sie doch nicht viel vom *Fliegen;*
das *Laufen* scheint ihr mehr zu liegen.

DIE AUGEN

Die Augen sind nicht nur zum Sehen,
sind auch zum *Singen* eingericht',
wie soll man es denn sonst verstehen,
wenn man von Augen*liedern* spricht?

ZELLEN

Das Leben kommt auf alle Fälle
aus einer Zelle.
Doch manchmal endet's auch – bei Strolchen! –
in einer solchen.

DER SNOB

Sie reichten Weine mir und Bier
und Schnäpse und dergleichen –
dabei könn'n diese Leute mir
nicht mal das Wasser reichen!

* * *

Ein Nasshorn und ein Trockenhorn
spazierten durch die Wüste,
da stolperte das Trockenhorn,
und 's Nasshorn sagte: »Siehste!«

* * *

Ich denk nicht gern an jenen Kuss,
den du mir gabst, Helene;
denn wenn ich an ihn denken muss,
dann werd' ich müd' und gähne.

* * *

Es dürfte keine Steuern geben,
kein Zahnweh, keine Schützengräben,
dann wär' auf dieser Welt das Leben
vielleicht noch schöner als wie eben!

* * *

Ich kann 's bis heute nicht verwinden,
deshalb erzähl ich 's auch nicht gern:
Den Stein der Weisen wollt ich finden
und fand nicht mal des Pudels Kern.

* * *

Man gab uns mancherlei auf Erden:
Zum Denken gab man uns die Stirn,
man gab uns Herz- und Leibbeschwerden,
doch auch den Himmel und den Zwirn.

* * *

Sie dienten mir gerne bei jedem Gedicht,
die Substantive und Verben,
doch heute gehorchen sie mir leider nicht –
ich möchte am liebsten sterben.

* * *

Mal trumpft man auf, mal hält man stille,
mal muss man kalt sein wie ein Lurch,
des Menschen Leben gleicht der Brille:
Man macht viel durch!

* * *

Ich finde solche, die von ihrem Geld erzählen,
und solche, die mit ihrem Geiste protzen,
und solche, die erst beten und dann stehlen,
ich finde solche, Sie verzeihn, zum Kotzen.

WANDSPRUCH

Die Arbeit ist oft unbequem,
die Faulheit ist es nicht, trotzdem:
Der kleinste Ehrgeiz, hat man ihn,
ist stets der Faulheit vorzuziehn!

ZU WENIG

Ich kenne keine Beine,
die schöner wärn als deine,
deshalb bedaure ich es fast,
dass du nur zweie hast …

BIER-FRAGMENT

War ich, wo ’s Bier zu trinken gab,
stell ich die Frage unterwegs mir:
Wenn ich beim Bier geschäkert hab’,
bin ich dann wohl ein Schäksbier?

DIE MODISTIN

Sie zeigt das Neuste der Saison …
Da plötzlich stolpert sie beim Schreiten,
und lächelnd spricht sie: »Oh, pardon,
ich habe *Absatz*schwierigkeiten!«

DIE STARLETS

Jetzt weiß ich endlich auch, wieso
sie Köpfe haben! – Soll ich 's sagen?
Sie brauchen dann das viele Stroh
nicht in der Hand zu tragen!

ZWANG

Du musst dich zu sehr vielen Dingen,
willst du sie tun, geradzu zwingen!
Trotzdem wirkt das – was dir gelungen –
oft zwingend leicht und ungezwungen.

UNTERSCHIED

Wollen wir doch einmal dieses Thema streifen:
Autoräder sind von *Reifen* –
Lehrer aber, die zu lehren sich bestreben,
sind von *Unreifen* umgeben!

NOCH 'N UNTERSCHIED

Wir fuhren einst zusammen
tagtäglich mit der »Zehn«,
jetzt fahren wir zusammen,
wenn wir uns wiedersehn!

KULTURELLES ERBE

„Warum machst du in Gedichten?“,
fragte mich ein Menschenkind.
„Warum schreibst du nicht Geschichten,
die doch leicht verkäuflich sind?“
Oh, ich habe meine Gründe
für mein Tun – und sprach verträumt:
„Weil ich es viel schöner finde,
wenn sich hinten alles reimt.“

VIELE VERSE

Viele Verse schrieb und schreib ich,
denn die Muse, die mich küsste, will es;
doch die Verse sind viel unbekannter
als die Verse des Achilles!
Über diese gibt es Bücher –
wer kennt nicht die dicken Folianten?
Meine Verse aber kennen
nur der Mond – und du – und dann zwei alte Tanten!

DIE POINTE

Am meisten Freude macht es mir,
die Pointe zu verstecken
und dann zu sehen, wie es dir
gelingt, sie zu entdecken.

Wie dir beim Lesen erst der Mund
zuckt, dann der Augen Falten
sich tiefer graben, und –
du kannst nun nicht mehr an dich halten –
du lachst und lachst
und machst
mich damit froh!

So,
das wär's, was ich mit der »versteckten Pointe« meine …
Doch lach noch nicht;
denn dies Gedicht
hat keine!

DICHTER

Es soll manchen Dichter geben,
der muss dichten, um zu leben.
Ist das immer so? Mitnichten,
manche leben, um zu dichten.

AN EINEN KOLLEGEN

Kennst du das große graue Haus
da draußen vor der Stadt?
Bist du erst drin, kommst du nicht raus,
weil alles Gitter hat.
Hat nie dein Herz vor Ängsten laut,
gingst du vorbei, gepocht?
Sei ruhig, wer nur Pointen klaut,
der wird nicht eingelocht!

DICHTER UND BAUER

Es hat der junge Dichter
für heut genug gereimt,
drum löscht er alle Lichter,
legt sich ins Bett und träumt.
Er träumt von einer Mauer,
die ihm die Sicht verdirbt
und dann von einem Bauer,
in dem ein Vogel stirbt.

Manche Dichter gibt es, die be-
nötigen der Sachen vier:
einen guten Reim auf Liebe,
Feder, Tinte und Papier.

EIN MYTHO-UNLOGISCHES GESPRÄCH

A. Ich habe bei mir zu Hause ein Aktfoto hängen. Drunter steht »Die Ledige mit dem Schwein«. Kennen Sie das?

B. Sie meinen sicher »Die Leda mit dem Schwan«?

A. Ach ja, richtig! Ein Schwan kommt auch drauf vor! Und wer ist diese »Leda«?

B. Leda war die Mutter der »schönen Helena«.

A. Wieso »war«? Ist sie tot?

B. Aber natürlich!

A. Erzählen Sie mir doch mal was von der Familie!

B. Also das war so! Eines Tages schiffte sich Menelaus, der Gatte der Helena, nach Kreta ein.

A. Und Helena blieb zu Hause?

B. Ja, in ihrem Schlafgemach. In der Mitte stand ein großes Ruhebett und links der Armleuchter.

A. Ich denke, Menelaus war weg?

B. Nein, ein wirklicher Armleuchter stand da. – Und plötzlich wurde ihr Páris gemeldet!

A. Ach, der mit dem Apfel?

B. Bravo, woher wissen Sie denn das?

A. Na, Páris war doch der, der auf dem Berge Aida der Schönsten mit der Armbrust einen Apfel vom Kopf schoss!

B. Das verwechseln Sie leider mit Wilhelm Tell – aber immerhin! – Außerdem hieß der Berg Ida! – Na schön! Páris beschloss, Helena mit List zu erobern.

A. Ach, Klavier spielen konnte er auch?

B. Das weiß ich nicht! Jedenfalls aber nahm er sie mit nach Troja.

A. Ach so ja.

B. Und wissen Sie, wodurch Troja berühmt geworden ist?

A. Durch die Trojabohnen!

B. Nein, durch den Trojanischen Krieg! Die einstmals so stolze Stadt wurde völlig zerstört – und heute ist die Fläche, auf der sie stand, eben!

A. Eben!

ZEUS

Im Himmel machte er die Blitze,
auf Erden aber lieber Witze,
so hatte er, als Tier verwandelt,
sehr oft mit Damen angebandelt!

Einst näherte er sich – als Stier! –
Europa und sprach keck zu ihr:
»Ich bin der Zeus! Macht keine Zicken
und setzt Euch hier auf meinen Rücken!
Halt’t Euch am Horne fest und flieht
mit mir dorthin, wo ’s keiner sieht!«
Erst zierte sich das Mädchen sehr – – –
dann weniger – dann wieder mehr – –
da wurde es selbst Zeus ganz klar,
wie *uneinig* Europa war!
Und es ist gar nicht übertrieben,
zu sagen, es sei so geblieben!

Durch alte Schriften ist belegt,
dass Vater Zeus fast unentwegt
nach unten kam, sich abzulenken –
statt oben ans Regiern zu denken,
bis seine Frau, die Hera hieß,
ihn einfach nicht mehr runterließ.
Im Himmel aber, da verlor
er jeden Sinn für den Humor –

drum hört man auch vom alten Zeus
nichts Neu’s!

ARCHIMEDES

Jaja! Der weise Archimedes
ging stets zu Fuß, ging stets per pedes.
Doch ging er auf besond're Weise:
Er ging hauptsächlich nur im Kreise.

Die Gangart hatte sich nach Wochen
in Syrakus herumgesprochen,
weshalb – es ist gut zu verstehn –
die Menge kam, sich 's anzusehn.
Doch dies gefiel dem Greise nicht!
Er sprach: »Stört meine Kreise nicht!«

Jaja! Der weise Archimedes
ging stets zu Fuß, fuhr nie Mercedes.

VOM ALTEN FRITZ

Vom Alten Fritz, dem Preußenkönig,
weiß man zwar viel, doch viel zu wenig.

So ist es zum Beispiel nicht bekannt,
dass er die *Bratkartoffeln* erfand!

Drum heißen sie auch – das ist kein Witz –
Pommes Fritz!

KOLUMBUS

Als Kolumbus von seiner Amerikafahrt
nach Spanien heimkam mit Gold und mit Bart
und, hoch geehrt und umjubelt, schritt
durch die Hauptstadt des Landes, nämlich Madrid,
entdeckte er plötzlich da drüben rechts
eine hübsche Person femininen Geschlechts.
Bei ihrem Anblick – was war schon dabei –
entschlüpfte ihm was, und zwar das Wort »ei« …
Seitdem sind die Forscher sich darüber klar,
dass das das »Ei« des Kolumbus war!

NERO

Nero war nicht nur ein Kaiser,
sondern auch fast immer heiser,
was hauptsächlich daran lag,
dass bei Nacht er und bei Tag,
je nachdem, wo etwas los war –
wenn 's auch eine Kirmes bloß war,
kurz: bei jeder frohen Feier –
Lieder sang zu seiner Leier
und das stets mit vollem Ton,
denn noch gab 's kein Mikrofon.

Selbst als Rom helllodernd brannte
und das Volk sich an ihn wandte,
stand er mittendrin im Dampfe,
sang Couplets und schlug die Klampfe.

Er war in der Welt des Scheins
eine, wenn auch heisre, Eins;
sonst jedoch war Kaiser Nero
– unter uns gesagt! – ein Zero.

KENNST DU DEN ORT?

Kennst du den Ort, wo es stets muffig riecht?
Dir feuchte Kälte in den Anzug kriecht?
Wo stolze Flaschen stehen voll des Weins?
Wo Dosen dösen mit dem Schmalz des Schweins?
Wo Spinnen kunstgerecht die Wand »benetzen«,
und wo kein Stuhl ist, sich mal hinzusetzen?
Wo Kohlen frierend in der Ecke liegen?
Wo die Kartoffeln edle Keime kriegen,
die Waschmaschine wäscheharrend steht
und wo des Wassers Haupthahn leise kräht?
Kennst du den Ort? O Fremdling, sprich!!
Du kennst ihn nicht? – Nun, aber ich!

DER APFELSCHUSS

Der Landvogt Geßler sprach zum Tell:
»Du weißt, ich mache nicht viel Worte!
Hier, nimm einmal die Tüte schnell,
sind Äpfel drin von bester Sorte!
Leg einen auf des Sohnes Haupt,
versuch, ihn mit dem Pfeil zu spalten!
Gelingt es dir, sei 's dir erlaubt,
des Apfels Hälften zu behalten!«

Der Vater tat, wie man ihn hieß,
und Leid umwölkte seine Stirne,
der Knabe aber rief: »Komm, schieß
mir schnell den Apfel von der Birne!«

Der Pfeil traf tödlich – – einen Wurm,
der in dem Apfel wohnte …
Erst war es still, dann brach ein Sturm
des Jubels los, der 'n Schützen lohnte!
Man rief: »Ein Hoch dir, Willi Tell!
Jetzt gehn wir einen trinken, gell?«*

* *Westfälische Fassung:*
Man rief: »Der Tell, der schießt ja toll!
Jetzt gehn wir einen trinken, woll?«

ZWEI SCHULAUFSÄTZE

Glocken

O Glocke! Du hängst am Turm und läutest.

Dein Läuten läutert die Leute, doch Friedrich Schiller hat dich bereits mehr lang als breit bedichtet. Aber auch du, kleine Glocke am Wecker, verdienst unsere Liebe. Jeden Morgen erweckst du uns und damit in uns das Gefühl der Dankbarkeit dafür, dass wir endlich wieder unserer geliebten Arbeit nachgehen dürfen.

Nur dich, die du keinen Laut von dir gibst, dich, Käseglocke, hat noch kein Dichter besungen; denn du stehst in schlechtem Geruch.

Dabei bist du so wichtig: *Alles* ist Käse!

Goethe und die Fliege

War Goethe ein größeres Wunder als eine kleine Fliege? – Das ist hier die Frage!

Sieh, wie sie so an der glatten Wand entlangwandelt, als sei das die einfachste Sache von der Welt, und sieh, wie sie ihr Gefieder glättet und sich mit dem hintersten Bein ganz vorn am Kopf kratzt.

Und jetzt, jetzt erhebt sie sich gar in die Lüfte und flattert durchs Zimmer. Und nun nimmt sie auf dem westöstlichen Diwan Platz. Doch nicht lange. Schon wieder durchpflügt sie den Raum und landet schließlich, etwas echauffiert, auf deiner Nase.

Konnte das Goethe?

DAS PECHMARIECHEN

Zu Ostern in Hersfeld die Mutter spricht:
»Bald ist es Zeit für 's Festtagsgericht!
Drum gehe, Mariechen, hinab in den Keller
und fülle mit Sauerkraut hier diesen Teller!«

»O Mutter, o Mutter, mir träumte neulich
von einem Mann – der Mann war abscheulich …!
Ach, lass uns den Keller vergessen:
woll'n wir was anderes essen!«

»Mein Kind, mein Kind, ich seh es genau:
Du kommst in die Jahre, wirst langsam Frau,
siehst überall Männer, die lauern –
geh, hol von dem Kraut, von dem sauern!«

Mariechen tut es – sie schreitet hinab,
hinab in den Keller, der finster wie's Grab – !
Hier füllt sie den Teller, den Teller von Blech – –
doch so lang sie auch füllt, 's kommt kein Mann!
So'n Pech! (Darum: Pechmariechen!)

DER KÖNIG ERL

(Frei nach Johann Wolfgang von Frankfurt)

Wer reitet so spät durch Wind und Nacht?
Es ist der Vater. Es ist gleich acht.
Im Arm den Knaben er wohl hält,
er hält ihn warm, denn er ist erkält'.
Halb drei, halb fünf. Es wird schon hell.
Noch immer reitet der Vater schnell.
Erreicht den Hof mit Müh und Not –
der Knabe lebt, das Pferd ist tot!

BLASPHEMIE

Eine gräulich schwarze Fliege
sitzt dort rcchts auf der Tapete,
putzt die Flügel und das linke
Mittelbein. – Ich lese Goethe.
Und wie klein erscheint mir dieser
immerhin so große Goethe
neben meiner schwärzlich grauen
Fliege dort auf der Tapete.

DAS WEIDENRÖSSLEIN

(Nicht ganz so frei nach Joh. Wolfg. Amad. v. Goethe)

Sah ein Knab ein Rösslein stehn,
Rösslein auf der Weiden.
War schon alt und gar nicht schön,
und es konnte kaum noch sehn,
doch er sah 's mit Freuden.
Rösslein, Rösslein, Rösslein braun,
Rösslein auf der Weiden.

Knabe sprach: »Wie schön ist 's heut,
Rösslein auf der Weiden!
Keine böse Wolke dräut,
alles ist voll Heiterkeit,
und die Luft ist seiden.
Rösslein, Rösslein, Rösslein braun,
Rösslein auf der Weiden!«

Rösslein sah ihn traurig an,
Rösslein auf der Weiden:
»Dort kommt schon der Bauersmann,
spannt mich vor den Wagen an,
schlägt mich mit der Peitsche dann,
bis ich nicht mehr weiterkann –
muss so viel erleiden …!«
Rösslein, Rösslein, Rösslein braun,
Rösslein auf der Weiden.

DER TAUCHENICHTS

(frei nach Schillers »Taucher«)

»Wer wagt es, Knappersmann oder Ritt,
zu schlunden in diesen Tauch?
Einen güldenen Becher habe ich mit,
den werf ich jetzt in des Meeres Bauch!
Wer ihn mir bringt, ihr Mannen und Knaben,
der soll meine Tochter zum Weibe haben!«
    Der Becher flog.
    Der Strudel zog
    ihn hinab ins gräuliche Tief.
    Die Männer schauten,
    weil sie sich grauten,
    weg. – Und abermals der König rief:
»Wer wagt es, Knippersmann oder Ratt,
zu schlauchen in diesen Tund?
Wer's wagt – das erklär ich an Eides statt –
darf küssen mein's Töchterleins Mund!
Darf heiraten sie und mein Land verwalten!
Und auch den Becher darf er behalten!«
    Da schlichen die Mannen
    und Knappen von dannen.
    Bald waren sie alle verschwunden – – –
    Sie wussten verlässlich:
    Die Tochter ist grässlich! –
    Der Becher liegt heute noch unten …

DAS UNWETTER*

Urahne, Großmutter, Mutter und Kind
in dumpfer Stube versammelt sind. –

Da, plötzlich hört man ganz von ferne
ein leises Grollen. Mond und Sterne
verhüllen sich mit schwarzen, feuchten
Wolkenschleiern. Blitze leuchten.
Und es sind versammelt in dumpfer Stube
Urahne, Großmutter, Mutter und Bube. –

Das Gewitter kommt näher mit Donnerschlag –
und noch fünf Minuten bis Donnerstag!

Es heult der Sturm, es schwankt die Mauer;
der Regen prasselt, die Milch wird sauer –
und in dumpfer Stube – man weiß das schon –
sind Urahne, Großmutter, Mutter und Sohn.

Ein furchtbarer Krach! Ein Blitz schlägt ein!
Der Urahne hört was und sagt: »Herein« –
Die dumpfe Stube entflammt und verglimmt
mit Urhammel, Großbutter, Butter und Zimt …

---

* *Frei nach Ludwig Uhland, dem Erfinder der gleichnamigen Straße.*

DIE ENTSTEHUNG DER GLOCKE VON SCHILLER

oder

WARUM SCHILLERS GLOCKE KEINEN KLÖPPEL HAT

Am 31. Februar 17… saßen Schiller, Goethe und Eckermann beim Skat. Im Kamin knisterte traurig ein Buchenscheit, und eine müde Tranfunzel verbreitete teils Geruch, teils Licht. Aber Geheimrat Goethe haderte nicht, sondern liebte den trüben Schein des Trans*.
Die drei Herren saßen also beim Skat und auf weichen Plüschsesseln – nach dem Motto: Noblesse o'Plüsch. Goethe hatte gerade Schellen** gereizt, als Schillers Augen plötzlich heller strahlten als die der Funzel und er anhub, also zu sprechen: »Verzeihen Sie, Herr Geheimrat, bei Ihrem Gebot ›Schellen‹ fiel mir eben etwas Wichtiges ein: Könnten Sie mir mal flugs Ihren Gänsekiel leihen?« Goethe, der gerade gereizt hatte, war nun selber gereizt: »Aber, lieber Schiller, wozu brauchen Sie denn gerade *jetzt* meinen Gänsekiel?« Schiller: »Weil mir beim Wort ›Schellen‹ der Gedanke kam, ich könne mal ein Gedicht über die ›Glocke‹ schreiben. Und um dieses kleine Gedicht zu Papier bringen zu können, brauche ich Ihren Gänsekiel. Weil ich meinen nämlich

nicht bei mir habe!« Goethe, indem er die Karten auf den Tisch und seine Stirn in Falten legte, sagte: »Das mit der Glocke ist eine gute Idee! Wir Klassiker können unsere Werke nicht oft genug an die große Glocke hängen! Habe ich nicht recht, Eckermann?« Eckermann, der für Goethe so etwas Ähnliches war wie Dr. Watson für Sherlock Holmes, antwortete: »Jawohl, Herr Geheimrat!« – »Nun denn«, fuhr Goethe fort, »hier haben Sie meinen Gänsekiel! Wir paar Dichter müssen zusammenhalten! Und während Sie sich, Friedrich Schiller, von der Muse küssen lassen, werden ich und Eckermann Sechsundsechzig spielen!«

Nachdem die beiden ungefähr zwei Stunden lang dem 66 gefrönt hatten und Goethe alle Spiele gewann, weil Eckermann bei ihm weder 20 noch 40 noch sonst was zu melden hatte, sprach plötzlich Goethe, indem er erst den Blick und dann sich selbst erhob: »Halt, Herr Schiller! Nun muss ich aber schleunigst meinen Gänsekiel zurückhaben; denn soeben fiel mir ein, dass ich im zweiten Teil meines ›Faust‹ einige Sätze zu stehen habe, die ich sofort ändern muss, weil sie der Unverständlichkeit entbehren! Bei einem Dichter meines Formats wirken nur unverständliche Sätze verständlicherweise selbstverständlich! Notieren Sie diesen Ausspruch, Eckermann!« – »Jawohl, Herr Geheimrat!« – »Außerdem«, setzte Goethe den Vortrag fort und sich wieder hin, »außerdem wird Ihre Glocke zu lang, wenn Sie nicht augenblicklich mit dem Dichten nachlassen! Denken Sie doch an all die lieben Schulkinderchen, die Ihre Glocke dermaleinst vielleicht werden auswendig lernen müssen!« – – –

So verdanken wir eigentlich Goethe die Entstehung dieses Schiller'schen Werkes – aber auch den erfreulichen Umstand, dass dieses Gedicht nicht *noch* länger wurde – aber auch die betrübliche Tatsache, dass Schiller keine Zeit mehr hatte, das Werden und die Nutzanwendung des für eine Glocke doch so notwendigen Klöppels zu schildern!

Vielleicht wusste er damals schon, dass seine Glocke gar keine Gelegenheit haben würde, jemals mit eherner Zunge zu reden – denn, wie sagt der Dichter: *Friede* sei ihr erst Geläute …

DER FISCHER

(frei nach Johann Sebastian Goethe)

Das Meer ist angefüllt mit Wasser
und unten ist's besonders tief,
am Strande dieses Meeres saß er,
d. h., er lag, weil er ja schlief.
Und nun noch mal: Am Meere saß er,
d.h., er lag, weil er ja schlief,
und in dem Meer war sehr viel Wasser
und unten war's besonders tief.

Da plötzlich teilten sich die Fluten,
und eine Jungfrau kam herfür,
auf einer Flöte tat sie tuten,
das war kein schöner Zug von ihr.
Dem Fischer ging ihr Lied zu Herzen,
obwohl sie falsche Töne pfoff – – –
man sah ihn in das Wasser sterzen,
dann ging er unter und ersoff.

DER ALTE WOLF

Auch 'n Märchen

Der Wolf, verkalkt und schon fast blind,
traf eine junge Dame:
»Bist du nicht Rotkäppchen, mein Kind?«
Da sprach die Dame: »Herr, Sie sind – – – !*
Schneewittchen ist mein Name!«

»Schneewittchen? Ach, dann bist du die
mit diesen 7 *Raben?*«
Sie antwortete: »Lassen Sie
sich lieber gleich begraben!
Mit 7 *Zwergen* hatt ich mal
zu tun – das waren nette …!«
»Ach ja! Du durftest nicht zum Ball,
und Erbsen waren nicht dein Fall,
besonders nicht im Bette …!«

Da lachte sie hell ha-ha-ha,
dann: »Darf ich Sie was fragen?
Sie fraßen doch die *Großmama,*
wie hab'n Sie die vertragen?«

---

* *– – – wohl blöd?«, wollte sie sagen.
Aber so etwas denkt eine Dame nur!*

»Das ist nicht wahr, dass ich sie fraß,
ich krümmte ihr kein Härchen!
Die Brüder *Grimm*, die schrieben das
für kleine Kinderchen zum Spaß –
das sind doch alles Märchen …!«

APHORISMEN

Von der Muse geküsst? Ja –
von der Pampelmuse.

~

Viele betreten die Bretter, die die
Welt bedeuten, und merken nicht,
dass sie auf dem Holzweg sind.

~

Wenn die Opern dich umbrausen, mit Getön,
dann genieße auch die Pausen: Sie sind schön.

~

Nach Schluss der langen Oper
hörte ich neulich folgende Kritik:
„Was mich an der Oper störte,
das war der Schwan und die Musik!“

Eine Beleidigung trifft um so tiefer,
je mehr sie zutrifft.

~

Ich habe die Muttersprache mit
den Kindesbeinen eingesogen.

~

Manche Schlagertexter schreiben
nur ab und zu; vor allem ab.

~

Partys sind die
Kindergärten der Erwachsenen.

~

Weder vergoss ich Gelächter,
noch hielt ich mir den Bauch vor Tränen.

DREI BALLADEN

1

Es war einmal ein altes Schloss.
Und Kunibert, so hieß der Boss.
Er hatte Mägde, hatte Knechte
und eine Frau – das war das Schlechte!

Ihr Mund war breit, ihr Hals war lang,
und es klang schrecklich, wenn sie sang.
Da zielte er mit Korn und Kimme
und Wut auf sie – das war das Schlimme!

Es machte bumm! – (natürlich lauter!) –,
dann fiel sie um! – Zum Himmel schaut er
und spricht, das Auge voll Gewässer:
»Vielleicht singt sie dort oben besser?!«

2

Es ritt der edle Ritter Kunkel
durch einen Wald, der still und dunkel –
als plötzlich, jäh und ungestüm,
ein grauslich-graues Ungetüm,
ein richtig schlimmes Drachenvieh,
das Feuer, Gift und Galle spie,
sich fliegend näherte dem Reiter
und schrie: »Bis hierher und nicht weiter!!!«
Der Ritter Kunkel zog am Zügel,

dann seinen Degen! Stieg vom Bügel,
und mutig, ohne banges Zagen,
ging er dem Drachen an den Kragen!
Gar bald gelang's ihm, hintern Ohren
das Scheusal schmerzhaft anzubohren,
worauf es »au« schrie nach dem Stich
und flugs nach oben hin entwich! –

Der Ritter reinigte den Degen
und ritt, nun auf befreiten Wegen,
dorthin, wohin er vorhin wollte!
(Wozu es fast nicht kommen sollte!)

Das Volk begrüßte ihn mit Tüchern,
und bald schrieb man von ihm in Büchern!
(Weil er der Erste war, wie's hieß,
der einen Drachen steigen ließ!)

3

Es war einmal cin stolzer Ritter,
der wurde beim Turnier bloß Dritter.
Das ging dem Armen derart nah,
dass man ihn lebend nicht mehr sah.

Er starb im Wonnemonat Maien
– an einem warmen Tag – im Freien
und wollte niemand bei sich haben.
So musste er sich selbst begraben. –

Ja, Dritter ist für einen Ritter bitter!

RITTER FIPS UND SEIN ANDERES ENDE

Es stand an seines Schlosses Brüstung
der Ritter Fips in voller Rüstung.

Da hörte er von unten Krach
und sprach zu sich: »Ich schau mal nach!«,
und lehnte sich in voller Rüstung
weit über die erwähnte Brüstung.

Hierbei verlor er alsobald
zuerst den Helm und dann den Halt,
wonach – verfolgend stur sein Ziel –
er pausenlos bis unten fiel.
Und hier verlor er durch sein Streben
als Drittes nun auch noch das Leben,
an dem er ganz besonders hing – – –!

Der Blechschaden war nur gering …

Schlussfolgerung:
Falls fallend du vom Dach verschwandest,
so brems, bevor du unten landest.

KREUZ UND QUER

Es sprach der junge Rittersmann:
„Was fang ich bloß zu Hause an?
Knapp, packe Sack und Kisten!
Wir ziehen an das Kriegsgewand
und ziehen aus ins Morgenland
im Namen aller Christen!“

Gesagt, getan! Sowohl der Knapp
als auch der Ritter reisten ab.
Sie reisten und sie reisten!
Sie trafen Regen, Sturm und Blitz;
jedoch im Morgenland die Hitz,
die störte sie am meisten!

Die trugen stolz der Rüstung Zier
und auch den Helm mit dem Visier,
obwohl sie transpirierten.
Und stand die Sonne im Zenit,
dann sangen sie ein frommes Lied –
das half, wenn sie marschierten!

Sie schlugen trotz der Übermacht
des Feindes ihn in einer Nacht
mit Mann und Ross und Wagen!
Es starb so mancher Heidenhund
im heißen Wüstensand aufgrund
der Kirche sozusagen.

Nach siebzehn Monden zogen dann
der Knappe und der Rittersmann
mit Sack und Pack und Kisten
heim ins gelobte Abendland
und zogen aus das Kriegsgewand
und wurden wieder Christen!

HANNELES SIEGESFAHRT

Da war ein Mädchen jung und stark
und gut von Wuchs und hieß Jeanne d'Arc.

Erst hütete sie Vaters Ziege,
dann träumte sie vom großen Siege!
So ging sie eines Tags aufs Ganze:
Kaufte sich Rüstung, Helm und Lanze,
und schon nach ziemlich kurzer Zeit
fand Männer sie, zum Kampf bereit!
Mit diesem Fähnlein griff sie dann
des Königs böse Feinde an!

Bei Orléans errang, so schien 's
(auf Englisch heißt der Ort Orliens!),
die ihren Sieg! Doch nicht weit her
war es damit: Es geht die Mär,
sie sei, was nicht so sehr erheitert,
am Scheiterhaufen dann gescheitert!

HERO UND LEANDER*

oder Falsche Sparsamkeit

1
Die Ansichtskarte

Der Hero und auch die Leander,
die hatten gar nichts miteinander.

Das lag hauptsächlich an der Länge
und Breite jener Meeresenge,
die man, hat man nicht grad gepennt,
als *Hellespont* von früher kennt.

Doch war der Hero ja schon immer
bekannt als Sportler, nämlich Schwimmer,
weshalb er eines Mittwochs rief:
»Ich schwimme zu ihr, ist's auch tief!
Ist auch die Strecke nass und lang
was macht das schon, mir ist nicht bang!
Ich arbeite bis Freitag bloß,
dann schwimme ich nach Dienstschluss los!«
Drauf schrieb er eine Ansichtskarte:
»Ich komm ganz früh am Samstag, warte!
Doch weil du, liebe Lea, faktisch
direkt am Ufer wohnst, was praktisch,
so zünde eine Kerze an
und stell sie in dein Fenster dann,

damit sie leuchte und mich leite
zu dir, bis auf die andre Seite!
In sechs bis sieben Stunden höchstens
bin ich dann da! – Leb wohl! Bis nächstens!
Ich geb dir 'n Vorschusskuss, hier hast'n …!«
und warf die Karte in den Kast'n. –
Und Freitagnacht, wie vorgesehn,
sprang er – die Uhr war kurz nach zehn
bekleidet nur mit einer Hose,
im Munde aber eine Rose,
und mit Salatöl eingerieben,
ins Wasser, mit dem Ziel nach drüben …

2
Der Untergang

Das Meer geht hoch, die Winde wehn …
Die Nacht ist schwarz, er kann nichts sehn –
den Mond und auch die Sterne nicht,
doch auch nicht seiner Liebsten Licht …
Wie sehr er die Pupille weitet,
wo ist die Kerze, die ihn leitet?
»Pardon, geht's hier zum andern Ufer?«,
brüllt er, doch niemand hört den Rufer …
Nur schwer noch kann er sich im kalten
Gewässer über Wasser halten,
und er verliert im Meergetose

die Orientierung und die Rose …
Er murmelt paarmal: »Junge, Junge …!«,
dann dringt ihm Wasser in die Lunge …
Er nimmt noch zwei, drei Schluck, drauf sinkt er
bis auf den Grund … Und hier ertrinkt er …
So endete das Sein für ihn
durch eine Kerze, die nicht schien …

3
Die Erläuterung

Nun fragen Sie wohl unterdessen:
»Weshalb hat sie das Licht vergessen?«
Weil sie, wie so das Schicksal spielt,
die Post erst Montag früh erhielt,
und da war es zu spät zum Leuchten,
da lag er schon im Grab, im feuchten …!

Hätt er ein *Telegramm* geschickt,
wär ihm das Vorhaben geglückt!

MARY AND LISA

Es waren mal zwei Königinnen,
ganz gut von Wuchs und stolz von Sinnen;
doch leider konnten sich die beiden
von Hause aus nicht so recht leiden.

Sie nannten sich zwar meistens »Schwester«,
doch schuld am Krach war ein Lord Lester!
Sie liebten ihn und litten seelisch. –
Die war katho-, die evangelisch. –

Und eines regenfeuchten Tages,
da sagte Lisa: »Ich ertrag es
nicht länger, dass die Mary mir
den Lord wegschnappt! Ich zeig es ihr!
Ich will, dass man sie gleich verhafte!!«
Worauf man sie in'n Kerker schaffte …

Dort saß die Mary viele Wochen,
hat nichts gegessen, nichts gesprochen,
drum freute sie sich ungemein,
als Lisa schrieb: »Mein Schwesterlein,
wir wollen unsern Stunk vergessen!
Ich hol dich morgen ab zum Essen!«

Und so geschah's, dass nach dem Lunch
die beiden, wie fast jeder Mensch,
sich gern etwas im Park ergingen.

Sie unterhielten sich von Dingen,
die intressant von Schwes- zu Schwester …
Doch fiel kein Wort über Lord Lester,
bis plötzlich Mary sich vergaß
und rief: »Du bist ein Rabenaas!
Ein Scheusal und ein Mistpaket …!«
Was Lisa nicht gefallen tät:
»Ich unternehme neue Schritte!«,
so schrie sie und ging durch die Mitte
ab!
Knapp
sechs Wochen drauf bestieg, o Gott,
die arme Mary das Schafott!
Verlor den Kopf, den sie zuvor
in Lisas Park schon mal verlor …

MODERNE SINFONIE

Droben sitzet die Kapelle,
festlich und gestimmt ist sie.
Schon ertönt die dritte Schelle,
gleich beginnt die Sinfonie.

Nun wird's stille; denn es zeigt sich
der Maestro, wohlbefrackt,
steigt aufs Podium, verneigt sich,
dreht sich um und schlägt den Takt.
Geiger geigen, Bläser blasen,
Pauker pauken, Harfe harft – – –
alle Noten dieses Werkes
werden schonungslos entlarvt …

Droben schwitzet die Kapelle,
auch der Dirigent hat's satt!
Morgen können wir dann lesen,
ob es uns gefallen hat …

EIN MÄNNERGESANGVEREIN

Fünfzig Herren über fünfzig
sitzen um des Tisches Rund.
Und sie essen und sie trinken
und sie wischen sich den Mund.

Da! Der Vorstand schwingt die Glocke,
und es wird ganz mäuschenstill,
denn die Glocke ist das Zeichen,
dass er etwas sagen will.
Und als er genug geklingelt –
ja, das Klingeln macht ihm Spaß –,
steht er auf und spricht gewichtig:
Na, ich denk, wir singen was!
Der Kapellmeister sucht emsig,
wo die Stimmgabel wohl steckt – – –
in der hintern Hosentasche
hat er endlich sie entdeckt.
Und er führt zum Ohr die Gabel
und macht »aaaaah« – das ist der Ton,
den man nötig für den Einsatz
hat; doch, horch, sie singen schon!
Und sie singen viel von Liebe
und von Sehnsucht und vom Mai,
und elf Verse hat dies Liedel,
und dann geht auch das vorbei.

Müde von der Armbewegung
senkt der Dirigent den Stab,
müde von den tiefen Tönen
wischt der Bass den Schweiß sich ab.
Der Tenor erzählt begeistert,
wie ihm heut das »fis« gelang,
und der Bariton, sich räuspernd,
sagt: »Wie gut ich heute sang!«

Doch dann sitzen alle fünfzig
wieder um des Tisches Rund.
Und sie essen und sie trinken
und sie wischen sich den Mund …

Das Ei darf nicht klüger sein als Kolumbus.

Maler sind Leute, die von der Wand in den Mund leben.

Ich sehe schwarz, wenn ein blauer Brief kommt.

Ich rede mir nicht ein, den Stein der Weisen wachsen zu hören.

Bei der Behörde ist es genau wie beim Theater: Ein paar arbeiten, und die anderen schauen zu.

DER BACH

(Dem gleichnamigen Komponisten gewidmet)

Tagtäglich fließt der Bach durchs Tal.
Mal fließt er breit, mal fließt er schmal.
Er steht nie still, auch sonntags nicht,
und wenn mal heiß die Sonne sticht,
kann man in seine kühlen Fluten fassen.
Man kann 's aber auch bleiben lassen.

STICHE

Von Dürers Meisterhand ein Stich
betrachtet, wirkt mehr »äußerlich«,
dagegen dringt, wenn Sie verzeihn,
der Mückenstich weit »tiefer« ein.

Man sieht hieraus, dass ein Insekt
viel mehr kann als der Intellekt.

LEGITIM

Mich fragte neulich ein Tenor,
wie mir sein Linkerton in »Butterfly«
gefallen hätt?
Ich sagte ihm:
legitim!
Worauf er mich nicht nur entsetzt,
nein, auch sogar etwas verletzt
berichtigte, dass »legitim«
so gar nicht passe hier und heute,
weil es ja *rechtmäßig* bedeute!
Ich antwortete, dass ich ihm
sehr dankbar sei für seine Lehre –
doch hier der *Umlaut* zu betonen wäre:
recht *mäßig!*

Der Sänger spricht zum Gard'robier:
Um Himmels willen, horch mal!
Ich habe einen Frosch im Hals,
besorg mir einen Storch mal!

EIN PIANIST SPIELT LISZT

O eminenter Tastenhengst,
der du der Töne Schlachten lenkst
und sie mit jeder Hand für sich
zum Siege führst, dich preise ich!

Du bist ein gottgesandter Streiter,
ein Heros, ein Akkordarbeiter.
Im Schweiße deiner flinken Finger
drückst du auf jene langen Dinger,
die man gewöhnlich Tasten nennt,
und die, grad wie beim Schach, getrennt
in Schwarz und Weiß ihr Dasein fristen,
als Requisit des Pianisten.
Doch nicht nur deiner Finger Schwielen
brauchst du zum Greifen und zum Spielen,
nein, was man meistens gar nicht glaubt:
du brauchst dazu sogar dein Haupt!
Mal fällt's, als ob du schlafen musst,
auf deine stark erregte Brust,
mal fällt's mit furchtbar irrem Blick,
so weit es irgend geht, zurück,
und kommst du gänzlich in Ekstase,
hängt dir ein Tropfen an der Nase.
Und hast du endlich ausgerast,
sagt sich der Hörer: Liszt – not last!

O eminenter Tastenhengst,
der du der Töne Schlachten lenkst
und sie mit jeder Hand für sich
zum Siege führst, dich preise ich!
Und jeder Hörer merkt alsbald:
Du siegst mit Liszt, nicht mit Gewalt!

SINGE, WEM GESANG GEGEBEN

'S ist Nacht. Auf meines Daches Zinnen wandelt
ein graues Säugetier in stolzer Pracht.
Dass es sich hier um einen Kater handelt,
das haben Sie sich ja wohl schon gedacht.
Er singt ein Lied. Er lässt sich das nicht nehmen,
und weder Ringelstern noch Morgennatz
verfassten es. Er zahlt auch nicht Tantiemen.
Er singt – und was er singt, ist für die Katz!

DIE TÄNZERIN

Erst tanzt sie nach rechts, dann tanzt sie nach links,
dann bleibt sie in der Mitte.
Dann tanzt sie nach links und wieder nach rechts,
sie hat so ihre Schritte.
Dann hebt sie den Arm, dann senkt sie das Haupt,
voll Schmerz sind ihre Züge.
Dann hebt sie das Haupt, dann senkt sie den Arm,
sie tanzt »Die fromme Lüge«.
Dann geht sie zurück und dann geht sie vor,
sehr schön ist dieser Vorgang.
Dann reißt sie sich hoch und dann fällt sie hin,
und dann fällt auch der Vorhang.

DIE SÄNGERIN

Reihen, Stühle, braune, harte.
Eintritt gegen Eintrittskarte.
Damen viel. Vom Puder blasse.
Und Programme an der Kasse.
Einer drückt. Die erste Glocke.
Sängerin rückt an der Locke.

Leute strömen. Manche kenn ich.
Garderobe fünfzig Pfennig.
Wieder drückt man. Zweite Glocke.
Der Begleiter glättet Socke.
Kritiker erscheint und setzt sich.
Einer stolpert und verletzt sich.

Sängerin macht mi-mi-mi.
Impresario tröstet sie.
Dritte Glocke. Schrill und herrisch.
Sie erscheint. Man klatscht wie närrisch.
Jemand reicht ihr zwei Buketts.
Dankbarkeit für Freibilletts.

Und sie zuckt leis mit den Lippen.
Beugt sich vor, als wollt sie kippen.
Nickt. Der Pianist macht Töne.

Sängerin zeigt weiße Zähne.
Öffnet zögernd dann den Mund.
Erst oval. Allmählich rund.

Und – mithilfe ihrer Lungen
hat sie hoch und laut gesungen.
Sie sang Schumann, Lincke, Brahms.
Der Beginn war acht Uhr ahms.
Und um elf geht man dann bebend,
aber froh, dass man noch lebend,
heimwärts. Legt sich müde nieder. – – –
Morgen singt die Dame wieder.

SCHÜTTELREIME

Im Juli gibt es heiße Nächte,
dann fängt man in der Neiße Hechte.

* * *

Er würgte eine Klapperschlang,
bis ihre Klapper schlapper klang.

* * *

Ich kann nichts dafür, dass der Mond schon scheint,
und dass nicht der Mond seinen Mondschein schont,
und dass Frau Adele im Wohnheim weint,
weil sie nicht wie früher in Weinheim wohnt.

* * *

Nur Wasser trinkt der Vierbeiner,
der Mensch, der findet Bier feiner.

DER GEIGER

Unterm Arm die Violine,
auf dem Haupte Brillantine,
so besteigt mit ernster Miene
er die kunstverseuchte Bühne.
Mit den Haaren von dem Pferde
streicht er, weit entrückt der Erde,
voll Gefühl und Herzenswärme
über straff gespannte Därme.
Und der Lauscher dieser Handlung
denkt, infolge innrer Wandlung,
an die Pfoten grauer Katzen:
Auch ein Geiger kann gut kratzen!

DAS HAT SIE NUN DAVON*

1
Die Verhaftung

Schwarzes Haar und schwarze Kleider,
Kraft im Blick und in den Armen,
das war – man muss sagen: leider! –
sie, die Jungfrau namens Carmen.
Ihre Lage war das »mezzo«
und auch sonst recht unerfreulich,
aber mancher Spanier hätt so
gern mit ihr mal – – – ! Grade neulich
kam da einer aus Sevilla
mit dem Hut aus schwarzem Lacke,
doch sie rief: »Sei'n Sie bloß still, ja?!!«,
und sie schlug ihn auf die Backe.

Darauf musste Don José sie,
Leutnant und Tenor, verhaften,
als er aber aus der Näh sie
sah, konnt er das nicht verkraften:
Heimlich machte er den Strick los,
welchen er um sie gebunden,
tauschte mit ihr einen Blick bloß,
und schon waren sie verschwunden …

---

* *Aus diesem strapazierfähigen Stoff wurde bereits eine haltbare Oper angefertigt!*

2
Die Flucht

Im Gebirge, ganz im Freien,
lebten beide ihrer Liebe;
doch bald gab es Streitereien,
und nicht das nur, nein, auch Hiebe!
Einzeln durch die Pyrenäen
sah man sie dann schmutzig kriechen,
konnten sich nun nicht mehr sehen
und vor allem nicht mehr riechen …

Er wurd aus der span'schen Wehrmacht
in absentia ausgewiesen,
sie sprach: »Dumm, wer es sich schwer macht,
es gibt andere als diesen!«
Und schon eilte sie zu Tale,
um hier unten in dem raschen
Bache oder auch Kanale
endlich sich den Hals zu waschen.
Das hätt sie nicht machen sollen,
denn sie kriegte Schwierigkeiten …

Wenn Sie Nähres wissen wollen,
lesen Sie die nächsten Seiten!

3
Der Stierkampf

Spanier sind fromme Christen,
gegen Satan sind immun sie,
trotzen mancherlei Gelüsten,
aber Tiere quälen tun sie.
»Tiere haben keine Seele«,
so wird nämlich dort gepredigt,
»drum ist's gut, dass man sie quäle,
bis sie tot sind und erledigt!«

Heute gab es wieder so 'nen
bösen Tag, um froh zu morden.
Männer, Mütter und Matronen –
und auch Kinder – kam'n in Horden.

Carmen saß auf der Empore
nach den Wochen der Entbehrung,
und sie sah die Matadore,
und ihr Blut geriet in Gärung:
»Das sind endlich wieder Männer!!
Der Tenor José, der war nichts!
Er war nur ein müder Penner,
ein Versager und sonst gar nichts!!« –

Endlich kam der *Star,* der letzte
Matador, der Größten einer!
Durch die Blutarena hetzte

er den Stier wie vor ihm keiner!
Nach dem *dritten* Stich schon sah man
tot das Tier zusammenbrechen …
Carmen schrie erregt: »Hurra, Mann!
Wo kann ich Sie gleich mal sprechen?!«
Und im jubelnden Getobe
rief der Bariton: »Komm, Dame!
Komm in meine Garderobe!!«
(Escamillo war sein Name) …

Flugs zu ihm enteilte Carmen –
weil er ihr ja zugewinkt hat –,
und sie lag in seinen Armen,
eh er sich noch abgeschminkt hat …

4
Das Ende

Da – (»Bin ich dein liebes Rehlein?«,
hörte man sie grade fragen) –
stürzte plötzlich Don José rein,
ohne »Guten Tag« zu sagen.
Escamillo mit Grandezza bat ihn:
»Wolln Sie sich nicht setzen?«,
doch José, der violett sah,
hatte keine Lust zum Schwätzen.

Schon ergriff er seinen Degen,
der geschärft und vorne spitz war –
(Escamill verschwand verlegen
in der Wand, wo grad ein Schlitz war) –,
da fiel Carmen auf die Kniee,
bat: »Hör, wie sich alles fügte . . .«
doch er stach nach ihr – und siehe:
dieser *eine* Stich genügte!

Im Gesicht wurd weiß wie Schnee sie …
Ihr blieb keine Zeit zum Beten,
darum seufzte schnell »olé« sie,
und dann war sie weggetreten …
Ihn doch hinderten zwei Fäuste,
aus dem Fenster rauszuklettern – – –
So, nun wissen Sie das meiste,
brauchen nicht mehr umzublättern …

QUERSCHNITT DURCH VERDI

Othello war schwarz wie ein Mohr
und ziemlich klug – obwohl Tenor –
und lebte nicht ganz ledig
in Venedig.

Doch eines Tags sah er *Aida*
und sprach zu sich: »Wer ist denn die da?
Die ist mein Typ – die wär mein Fall so!«
Na also!

Doch hat ihr Vater *Rigoletto*
für sie 'nen andern Mann in petto:
Don Carlos hieß der Mann in spe.
Olé!

Sie aber liebte einen Dritten.
Den brauchte sie nicht lang zu bitten,
den Rhadames; denn der war nur
Troubadour!

Doch der sang seine Serenatas
viel lieber vor dem Haus *Traviatas!*
Sie lauschte ihm auf dem Balkone
mit »ohne«.

Vielleicht hat er zu oft gesungen –
egal, sie kriegte kalte Lungen;
und, von dem Nachtwind angepustet,
hat sie dem Rhadi was gehustet.
Da sagte sich der Liebessänger:
»Die steckt mich an! Ich sing nicht länger!«
Und er verließ die Kranke.
Na danke! –

Aida aber und Othello
entleibten sich – das ging ganz schnell, oh! –
in Verona.
Aida wegen Rhadames,
Othello wegen Madame *Des-*
demona …

MONA LISA UND DIE MALER

Zu Tizian, dem Maler, schlich
die holde Mona Lisa, und
sie bat ihn: »Bitte maln Sie mich
von vorne – und auch recht schön bunt!«

Der Meister brauchte grade Lire,
drum antwortete er: »Si, Si!
Doch eh die Leinwand ich beschmiere –
wie viel, Madame, bezahlen Sie?«

Da rief sie voll Impertinenz:
»Sie wollen Geld von mir, wieso?
Jetzt gehe ich zur Konkurrenz,
und zwar zu Michelangelo!«

Der war nun leider nicht zu Hause …
»Ja, wen«, so dacht sie, »gibt es noch?
Ob ich mal schnell nach Holland sause –
zu Rembrandt oder zu van Gogh?«

Es fehlte ihr an Zeit, wie's schien,
und auch an finanzieller Kraft,
so blieb ihr nur noch der da Vin-
ci, und der hat's denn auch geschafft!

Er bracht ihr Lächeln gut zuwege,
die ganze Kunstwelt war besiegt –
verzeiht drum, wenn ich Zweifel hege:
Hätt's nicht ein anderer Kollege
vielleicht doch besser hingekriegt?

HALLO, SCHWAN!

Schon lange vor der Eisenbahn
gab 's als Transportmittel den Schwan.
Wolltst du verreisen noch so weit:
Ein Schwan mit Kahn stand stets bereit!
Du nanntest ihm das Endziel bloß,
stiegst ein, und, hui, schon ging es los!

Nun war – ganz in der Näh vom Grale –
so eine Art von Schwan-Zentrale,
in der erregt ein Herr erschien
und rief: „Ich bin der Lohengrin!
Und haben Sie wohl an der Hand
'nen Schwan? Ich muss gleich nach Brabant!
Ich bitte um ein schnelles Tier,
denn Elsa ruft schon sehr nach mir!
Auch hätt ich – sagen Sie's der Leitung! –
den Schwan gern mit Musikbegleitung!" –

Was weiter war – und wie's gewesen,
bitt ich bei Wagner nachzulesen!

MORGEN BIN ICH WIEDER FRÖHLICH …

LEICHT ZU SAGEN

Du irrst, wenn du sagst, es sei leicht,
was *Leichtes* hinzuschreiben,
was lustig – aber nicht zu seicht –
die Sorgen hilft vertreiben.

Leicht ist, ich bitt dich zu verzeihn,
das so genannte *Ernste,*
das braucht nicht angeborn zu sein –
das kannste bald, das lernste!

WITZBOLDE

Es gibt eine Sorte von Menschen –
von zwanzig sind 's wohl mehr als zehn! –
die fragen dich, wenn sie dich treffen
(egal, wo es ist): »Kennen Sie den?«

Und dann erzählen sie Witze,
Witze am laufenden Band,
die einen, die sind nicht zum Lachen,
die anderen sind dir bekannt.

Die besten davon sind politisch,
die meisten aber obszön.
Du windest dich höflich und stammelst:
»Wie lustig! Wie köstlich! Wie schön!«

Laut lachend verschwinden die Bolde,
stolz über ihren Humor –
dabei besitzen sie keinen:
Es kommt ihnen nur so vor.

DEPRESSIONEN

Gestern war ich noch so fröhlich,
heute hat es sich gegeben.
Gestern schlug ich Purzelbäume,
heute will ich nicht mehr leben.

Solch ein Zustand ist entsetzlich,
mich und meine Umwelt quäl ich;
doch er dauert nicht sehr lange:
Morgen bin ich wieder fröhlich!

MAN NEHME

Seit frühster Kindheit, wo man froh lacht,
verfolgt mich dieser Ausspruch magisch:
Man nehme ernst nur das, was froh macht,
das Ernste aber niemals tragisch!

NICHTS

»Gott hat die Welt aus *Nichts* gemacht«,
so steht es im Brevier,
nun kommt mir manchmal der Verdacht,
er macht sich *nichts* aus ihr …

WAHRHEIT

Die schlechtesten Bücher sind es nicht,
an denen Würmer nagen,
die schlechtesten Nasen sind es nicht,
die eine Brille tragen.
Die schlechtesten Menschen sind es nicht,
die dir die Wahrheit sagen.

WEIHNACHTEN 1944
(Als ich keinen Urlaub bekam)

Wenn es in der Welt dezembert
und der Mond wie ein Kamembert
gelblich rund, mit etwas Schimmel
angetan, am Winterhimmel
heimwärts zu den Seinen irrt
und der Tag stets kürzer wird –
sozusagen wird zum Kurztag –,
dann hat's Christkindlein Geburtstag!

Ach, wie ist man dann vergnügt,
wenn man einen Urlaub kriegt.
Andrerseits, wie ist man traurig,
wenn es heißt: »Nein, da bedaur' ich!«
Also greift man dann entweder
zu dem Blei oder der Feder
und schreibt schleunigst auf Papier
ein Gedicht, wie dieses hier:

Die Berge, die Meere, den Geist und das Leben
hat Gott zum Geschenk uns gemacht;
doch uns auch den Frieden, den Frieden zu geben,
das hat er nicht fertig gebracht!
Wir tasten und irren, vergehen und werden,
wir kämpfen mal so und mal so …
Vielleicht gibt's doch richtigen Frieden auf Erden?
Vielleicht grade jetzt? – – Aber wo? …

DAS GROSSE LOS

Wie man 's auch dreht, wie man 's auch nimmt,
das Los ist uns vorausbestimmt.

Wir wissen nicht, was kommt, was geht,
wie man 's auch nimmt, wie man 's auch dreht.

Wie man 's auch dreht und nimmt und zieht,
wir wissen nicht, was uns noch blüht.

Das große Los blüht uns nicht oft,
wie man 's auch dreht, nimmt, zieht und hofft.

DER EINSAME

Einsam irr ich durch die Gassen,
durch den Regen, durch die Nacht.
Warum hast du mich verlassen,
warum hast du das gemacht?
Nichts bleibt mir, als mich zu grämen!
Gestern sprang ich in den Bach,
um das Leben mir zu nehmen;
doch der Bach war viel zu flach.

Einsam irr ich durch den Regen,
und ganz feucht ist mein Gesicht,
nicht allein des Regens wegen,
nein, davon alleine nicht.
Wo bleibt Tod in schwarzem Kleide?
Wo bleibt Tod und tötet mich?
Oder besser noch: uns beide?
Oder besser: erst mal dich?

DER STEIN

Fast wär vom Dach ein Ziegelstein
mir auf den Kopf geflogen,
jedoch »es hat nicht sollen sein«:
Er machte einen Bogen.

Dass er das tat, ja, das war gut!
Doch hat der Fall bewiesen:
Man sei beständig auf der Hut
und geh nie ohne diesen!

DER FELS

Wenn dir ein Fels vom Herzen fällt,
so fällt er auf den Fuß dir prompt!
So ist es nun mal auf der Welt:
Ein Kummer geht, ein Kummer kommt …

HIRNGESPINST

Eine runde weiche Sache
ist das Hirn bei Frau und Mann,
und es ist nicht auszudenken,
was man damit denken kann.
Aber leider kennen viele
nicht den Wert dieser Substanz:
Hilflos gehen sie durchs Leben
wie 'ne Katze ohne Schwanz.

AN EINEN PESSIMISTEN

Jede Sorge, Freund, vermeide,
jedes Weh sollst du verachten.
Sieh die Lämmer auf der Weide:
Sie sind fröhlich *vor* dem Schlachten.
Ahnst du nicht, wie dumm es wär,
wären sie's erst hinterher?

Voller Sanftmut sind die Mienen
und voll Güte ist die Seele,
sie sind stets bereit zu dienen,
deshalb nennt man sie Kamele.

DER PFLASTERSTEIN

Es liegt ein grauer Pflasterstein
auf der Chaussee, doch nicht allein;
denn wenn allein er läge,
dann läge er im Wege;
doch so, inmitten anderer,
erfreut er alle Wanderer.
Anstatt ihn dankbar nun zu grüßen,
tritt man mit Füßen ihn, mit Füßen …!

ESST MEHR FISCH

Das Meer reicht bis zum Strande
und dann verläuft's im Sande
ganz plötzlich und abrupt.

In ihm gibt's viele Fische,
die essen wir bei Tische
gekocht und abgeschuppt.

Doch wozu gibt's die Gräten?
Sie wären nicht vonnöten,
sie schmälern den Genuss.

Denn bleibt mal eine stecken,
so kann man leicht verrecken –
viel eher, als man muss!

DIE KUNST DES TRINKENS

Solange es uns Menschen gibt,
sind auch Getränke sehr beliebt –
ich meine hier natürlich nur
die alkoholischer Natur!

Den *Wein*, den hab ich übersprungen,
der wurde schon zu oft besungen
und auch der *Sekt!* (Man reicht ihn Gästen
zum An- und Aufstoßen bei Festen.)

Wie selten aber steht vom *Bier*
etwas geschrieben, außer hier:
»Es schäumt das Glas mit edler Gerste,
und stets bekömmlich ist das erste!«

Doch gibt es außerdem Getränke,
den'n ich besondre Liebe schenke,
ich schätze fast seit der Geburt se:
das ist der *Klare* oder *Kurze!*

Wie wärmen sie an kalten Tagen
schön eisgekühlt den kalten Magen!!!
Wie spornen sie – als Geistgetränke –
den Geist an, dass er wieder denke!!!

Jedoch wie geistlos – sei'n wir offen! –
wird diese Köstlichkeit *gesoffen!*

Drum will ich, eh Sie einen heben,
hier schnell noch einen Ratschlag geben:

Man trinke *Schnaps* stets *nur zum Essen !!!*
Das *Bier* dazu soll man *vergessen !!!*
Und ob in Kneipe oder Haus:
Man lasse immer einen aus !!!

Wenn man das ganz genau so tut,
dann fährt man stets – auch Auto! – gut.

TRINKLIED

Wo bleibt heut bloß der Sonnenschein?
Liegt's an den Isobaren?
Ach, soll's doch ruhig trübe sein,
wir trinken unsern Klaren!

Schön eisgekühlt stürzt er zu Tal,
es wird uns heiß und heißer …
Der trübe Himmel kann uns mal,
und *wo* er kann, das weiß er.

Das Trübsalblasen ist ein Graus
und schädlich ohne Zweifel!
Kommt, lacht den trüben Himmel aus –
Alkohol ihn doch der Teufel!

SPÄTLESE

Ich bin sehr krank
und geh zum Schrank.
Ich hol ein Glas
und fülle das
mit Moselwein.
Hm, der schmeckt fein:
Spätlese!

Ich bin genesen
und möchte lesen.
Ich hol mir was
und lese das
von abends acht
bis Mitternacht.
Auch 'ne Spätlese …

REZEPT

Besitzt du Senkfüße, schluck Pillen,
und du bist platt: Sie helfen gleich!

Auch gegen sonstige Bazillen
gebrauch nicht Fenchel und Kamillen!
Vergiss das Zeugs um Himmels willen!

Des Menschen *Pille* ist sein Himmelreich!

ERKENNTNIS

Man hat vor Jahren festgestellt,
dass unsre liebe, schöne Welt,
auf der wir leben, nicht nur bunt ist,
nein, dass sie außerdem auch rund ist.
Und deshalb sind wir in der Lage
– sowohl bei Nacht als auch bei Tage –
von einer Erdhälfte zur andern
zu fliegen, schwimmen oder wandern,
was ganz unmöglich wär' beileibe,
wär' unsre Erde nur 'ne Scheibe.

Wobei, wie ihr es sicher wisst,
auf Erden alles Schei-be ist!

FAST EINE FASTENKUR

Alte Brötchen. Saure Weine.
Ein Salatblatt. Guss auf Beine.
Hunger nagt im Magen-Sektor.
Und er knurrt. Wie draußen Hektor.

Will nicht mehr gesund und schlank sein!
Will dann lieber dick und krank sein!

Kehrt zurück, ihr großen fetten
Schnitzel oder Schweinskotletten
und auch ihr, ihr Leibbeschwerden!

Bin es satt, nie satt zu werden!

SEHNSUCHT

Ich sehne mich nach einem Häuschen
in Bayern oder an der Spree,
ein Zimmer braucht es nur zu haben,
dazu ein Bad und ein WC.
Im Zimmer würde ich notieren,
was ich beim Baden grad gedichtet,
und im WC würd' dann das Machwerk
von mir gleich hinterrücks vernichtet.

NÄCHSTENLIEBE

Die Nächstenliebe leugnet keiner,
doch ist sie oft nur leerer Wahn,
das merkst am besten du in einer
stark überfüllten Straßenbahn.
Du wirst geschoben und musst schieben,
der Strom der Menge reißt dich mit.
Wie kannst du da den Nächsten lieben,
wenn er dir auf die Füße tritt?!

DER MATHEMATIKER

Es war sehr kalt, der Winter dräute,
da trat – und außerdem war's glatt –
Professor Wurzel aus dem Hause,
weil er was einzukaufen hat.

Kaum tat er seine ersten Schritte,
als ihn das Gleichgewicht verließ,
er rutschte aus und fiel und brach sich
die Beine und noch das und dies.

Jetzt liegt er nun, völlig gebrochen,
im Krankenhaus in Gips und spricht:
»Ich rechnete schon oft mit Brüchen,
mit solchen Brüchen aber nicht!«

VIELE VERSE …

Viele Verse schrieb und schreib ich,
denn die Muse, die mich küsste, will es;
doch die Verse sind viel unbekannter
als die Verse des Achilles!
Über diese gibt es Bücher –
wer kennt nicht die dicken Folianten?
Meine Verse aber kennen
nur der Mond – und du – und dann zwei alte Tanten!

APHORISMEN

Der schläft gut, der nicht weiß,
wie schlecht er schläft.

Manchmal hilft nur noch Zähne
hoch und Kopf zusammenbeißen.

Ich bin ein richtiger Pechpilz, niemals fällt
mir das kleinste Schwein in den Schoß.

Man macht gewöhnlich viele Worte,
wenn man nichts zu sagen hat.

Paradox ist, wenn einer sich im
Handumdrehen den Fuß bricht.

Es hat keinen Sinn,
den Brunnen auszuschütten,
wenn das Kind verbrannt ist.

~

Pessimisten sind Leute, die mit der
Sonnenbrille in die Zukunft schauen.

~

Ein Mann kann eine Frau immer
nur so weit bringen, wie sie will.

~

Fußkranke und Bankdirektoren
schwärmen von Einlagen.

~

Bei glatter Straße muss man
sechzehn geben – doppelt acht.

LETZTE WEISHEITEN

IN EILE

Kaum warst du Kind, schon bist du alt.
Du stirbst – und man vergisst dich bald.
Da hilft kein Beten und kein Lästern:
Was heute ist, ist morgen gestern.

ZU SPÄT

Die alten Zähne wurden schlecht,
und man begann, sie auszureißen,
die neuen kamen grade recht,
um mit ihnen ins Gras zu beißen.

ALTE WEISHEIT

»'s ist schlimm,
wenn man alt wird«, das Alter spricht,
»aber schlimmer ist es,
man wird es nicht!«

ZU KURZ

Kaum, dass auf diese Welt du kamst,
zur Schule gingst, die Gattin nahmst,
dir Kinder, Geld und Gut erwarbst –
schon liegst du unten, weil du starbst.

ZUM ABSCHIED

Versuche tunlichst zu vermeiden, jeden
mit klugem Wortschwall zu benetzen;
denn plötzlich stirbst du und vermagst die Reden,
die du gehalten, nicht mehr in Taten umzusetzen …

AN EINEN VON VIELEN

Als du noch warst, wollt man nichts geben.
Kaum warst du tot, ließ man dich leben!
So ist's! – Den höchsten Ruhm erworben
hat man erst dann, ist man gestorben.

AN MEINE BRILLE

Ich wäre glatt verloren,
wärst du nicht stets bei mir.
Du hängst an meinen Ohren
grad so, wie ich an dir.

Ich trag dich, wenn auf Zehen
die Nacht sich niedersenkt.
Dann kann ich besser sehen
den Traum, der mich umfängt.

Und wenn ich einst verschwinde
für immer, bleib bei mir.
Dass ich auch sicher finde
den Weg zur richt'gen Tür …

ES SCHEINT SO

Es scheint so, dass auf dem Planeten,
den wir so gern mit Füßen treten
und ihn dadurch total verderben –
dass also hier nur *Gute* sterben!

Denn: Las man je im Inserat,
dass ein Verblichner *Böses* tat?
Dass er voll Neid war und verdorben
und dass er nun mit Recht gestorben?

Es kann da keinen Zweifel geben:
Die Schlechten bleiben alle leben!

ES IST NICHT ALLES GOLD, WAS GLÄNZT

Oft glänzt der Himmel strahlend blau,
und oft glänzt eine Hose,
oft glänzt die Nase einer Frau
vor dem Gebrauch der Puderdose.

Durch Abwesenheit glänzt das Glück!
Durch Bohnern glänzt die Diele –
man rutscht drauf aus und bricht 's Genick!
(Zu großer Glanz ist nichts für viele!)

DANACH

Ich reiste solo durch die Tropen,
sah Affen, Gnus und Antilopen
und – leider viel zu spät – den Tiger!
Er kam von hinten und blieb Sieger! –

Nun sitz ich hier im Paradiese
mit andern Engeln auf der Wiese.
Man ist sich noch ein wenig fremd.
Zwei Flügel wachsen durch mein Hemd – – –

DIE LIBELLE

Liebe Libelle,
flieg nicht so schnelle!
Denk der Gefahren,
die deiner harren:
Bäume und Zäune,
Äste und Steine
auf allen Wegen!
Du fliegst *dagegen!!!*
Mit gebrochenen Gliedern
liegst du im Staube.
Dann kommt der Herbst,
du vermoderst im Laube …

Oder ein Vogel
wird dich erhaschen,
wird dich zerbeißen
und hastig vernaschen …

Oder ein Forscher
mit seinem Netze!
Erst tut er sachte,
dass nichts er verletze,
und freut sich stolz seines Besitzes!
Zu Hause jedoch nimmt er was Spitzes
und sticht 's dann
durch deine weichste Stelle:
arme Libelle!

DAS FISCHCHEN

Ein Fischchen einst im Wasser saß
und von dem Wasser wurd es nass,
        das Fischchen.
Das Fischchen wollt gern trocken sein,
doch hatte es kein Handtuch, nein,
        das Fischchen.
Da sprang das Fischchen, hops, an Land
und drehte sich paarmal im Sand,
und als dann kam das Morgenrot,
war 's Fischchen trocken – aber tot.
        Das Fischchen.

EIN NACHRUF

Du warst ein Musiker und Dichter,
ein Maler und Kaninchenzüchter;
doch trotzdem war 's dir nicht gegeben,
den eignen Tod zu überleben. –
Wir wollen nur das eine hoffen,
dass du 's dort oben gut getroffen!

DAS SCHLOSS

Papst Paul war gestorben vor vierhundert Jahren
und ist dann, wie üblich, gen Himmel gefahren.
Und als er dort oben gut angekommen,
da hat er den güldenen Schlüssel genommen.
Es ist ja bekannt, dass früher und itzt
jeder Papst einen Schlüssel zum Himmel besitzt.

Doch siehe, der Schlüssel, der wollte nicht passen.
Der Petrus hat trotzdem ihn eintreten lassen
und sprach (sein Antlitz war bartumrändert):
»Der Luther hat nämlich das Schloss verändert …!«

GEDANKEN BEIM ANBLICK DEINER KROKOTASCHE

Ich badete im Ganges
(das ist eine Art Nil).
Im Ganges schwamm was Langes
auf Flügeln des Gesanges:
Das war ein Krokodil.

Es sang: »Die alten Zedern,
die blühen weiß und rot. –
Oh, hätte ich doch Federn,
wär's Leben nicht so ledern –
besonders *nach* dem Tod.«

DER MAUS

Der Maus ihr Gatte wurd geschnappt
von einer Mausefalle,
nun war – verdammt und zugeklappt! –
er mausetot für alle.
Die Trauerreden fürn Gemahl,
sie gipfelten im Satze:
»Viel schneller ging's auf jeden Fall
mit Falle – als mit Katze!«

DAS WIEDERSEHN

Er hat sich dreimal überschlagen …
Lang war der Sturz und kurz der Schreck …
Im Abgrund lag der schöne Wagen,
und neben ihm lag Mister Black …
Die starren Augen standen offen …
Der Wagen lag auf dem Verdeck …
Black schaute staunend und betroffen:
»Da steht doch mein Freund Taylor? – Jack!!«

»Ja, ich bin Jack! Leidest du sehr?
Wie geht 's? Du kannst mir alles sagen!«
»Mein lieber Jack, wie kommst du her,
das muss ich aber wirklich fragen?!
Du fielst vor Jahren doch vom Boot
durch irgendeinen dummen Fehler,
und du ertrankst! *Du bist doch tot ! ! ! ?*«
»Du auch«, erwiderte Jack Taylor …

DIE KELLERMAUS

Es wollte eine kleine Maus
– im Keller wohnhaft – hoch hinaus;
und eines Nachts, auf leisen Hufen,
erklomm sie achtundneunzig Stufen
und landete mit Weh und Ach
ganz oben, dicht unter dem Dach.
Dort wartete bereits auf sie
die Katze, namens Doremi. – –

Kaum, dass das Mäuslein nicht mehr lebte,
geschah 's, dass eine Fledermaus
ein paarmal um die Katze schwebte,
zur Luke flog und dann hinaus.
Da faltete die Katz, die dreiste,
die Pfoten und sprach: »Ist das süß!
Da fliegt die Maus, die ich verspeiste,
als Engelein ins Paradies!«

BEETHOVENS TOTENMASKE

Durch die Glastür zum Alkoven
scheint der Mond mit weißem Licht.
Ausgerechnet dem Beethoven
scheint er mitten ins Gesicht.
Nicht einmal sein Aug beschatten
kann der große Komponist.

Hilflos ist man und verraten,
wenn man mal gestorben ist.

SCHÜCHTERNHEIT

Als Kind – zu meiner Eltern Leid –
litt ich an großer Schüchternheit.
Als Gymnasiast dann – farbumbändert –
hatte sich darin nichts geändert.
Auch nach dem ersten Kuss – mit Ellen –
war keine Bessrung festzustellen.
Im Alter erst – beim Kampf ums Leben –
hat sich die Schüchternheit gegeben!

Doch weiß ich: Tritt der Tod herein
und spricht zu mir: »Komm mit, mein Sohn!«,
und führt mich vor des Höchsten Thron,
werd ich wieder ganz schüchtern sein – – –

ABENDLIED

Die Nacht bedeckt die Dächer,
und in dem Aschenbecher
verlöscht die Zigarette.

Es ruhn fast alle Räder.
Der Tag verging wie jeder,
als Glied in einer Kette.

Ich höre Eulen singen
und sehne mich nach Dingen,
die ich so gerne hätte.

Und von dem vielen Sehnen
bekomme ich das Gähnen – – –
gut Nacht, ich geh zu Bette.

MOND ÜBER DER STADT

Ich hänge am Himmel und scheine – – –
Was soll ich auch anderes machen? …

Die Stadt ist zu schnell,
zu laut und zu grell – – –
Neulich hielt mich eine ältere Dame
für Lichtreklame!

Wär's nicht so traurig, es wäre zum Lachen …
Manchmal schießt man nach mir; doch die meisten
der weit gereisten
Raketen gehen daneben
und lassen mich leben.
Eben.
Eben kam wieder so eine – – –

Kein Pärchen mehr, das sich in meinem Lichte umschlingt.
Kein Dichter mehr – außer diesem hier –, der mich besingt …
Ich frage mich, was ich hier oben eigentlich soll!
Man nimmt, auch als Vollmond, mich nicht mehr für voll.
Wem soll ich noch leuchten? Wen soll ich bewachen?

Ich hänge am Himmel und scheine –
gar keinen besonderen Eindruck zu machen …

LETZTE BITTE

Der Tag geht nun zur Neige
und leise kommt die Nacht.
Ich danke dir für alles,
was du für mich gemacht.

Du hast mich stets getröstet,
wenn mir was nicht geglückt,
und hast so oft aus Liebe
ein Auge zugedrückt.

Jetzt geht mein Weg zu Ende.
Und leg ich mich zur Ruh,
so falte meine Hände,
und dann nimm deine Hände:
Drück beide Augen zu …

NOCH ’N ABSCHIED

Es gibt so viele Abschiedslieder,
man hört im Funk sie immer wieder.
Meistens singt sie ein Tenor,
mal singt er mit, mal ohne Chor.
Ich hab ein wenig nachgedacht
und auch so ’n Abschiedslied gemacht!

Kehrreim:
Lebe wohl, adieu, auf Wiedersehn,
addio, tjüs, na denn, gehab dich wohl!
Nun hau schon ab! Viel Glück, bleib gesund,
ade, mach ’s gut, bis bald, Mahlzeit, Moin!
Ich kann auch auswärts: au revoir, bye-bye,
arrivederci oder auch proschtschai!
Nun kommt noch: tschau und servus, na, und jetz’
fehlt nur noch das Zitat vom Götz!

KURZ VOR SCHLUSS

Schön ist der Wein, bevor er getrunken,
schön ist das Schiff, bevor es gesunken,
schön ist der Herbst, solange noch Mai ist,
schön ist der Leutnant, solang er aus Blei ist.

Schön ist das Glück, wenn man es nur fände!
Schön ist dies Buch, denn gleich ist's zu Ende.

ZUM SCHLUSS

Doch nun wär es besser, wenn ich
endlich enden würde, denn ich
seh es schon an euren Augen,
dass mit Müh nur ihr könnt saugen
auf in euch die Geistesblitze,
welche durch die schmale Ritze
meiner Feder bläulich fließen.
Also gut, ich will jetzt schließen.
Pegasus, hau ab, geh äsen! –
Und auf frohes Wiederlesen.

GANZ ZULETZT

O wär ich
der Kästner Erich!
Auch wäre ich gern
Christian Morgenstern!
Und hätte ich nur *einen* Satz
vom Ringelnatz!
Doch nichts davon! – Zu aller Not
hab ich auch nichts von Busch und Roth!
Drum bleib ich, wenn es mir auch schwer ward,
nur der Heinz Erhardt …

ABSCHIED:

Ein Gedichtchen, ein ganz klein's
sag ich noch, bevor ich geh:
Alles Liebe wünscht euch Heinz
E, r, h, a, r, d, t.

APHORISMEN

Vor dem Tode habe ich keine Angst –
denn alle, die gestorben sind,
lassen nicht wieder davon ab.

~

Vorläufig habe ich noch keine Lust,
ins bessere Jenseits zu beißen.

~

Das ewige Schwimmen gegen den
Strom wird noch einmal der Nagel
zu meinem letzten Atemzug sein.

~

Frieden auf Erden – hoffentlich wird
es keinen Zaun mehr geben, von dem
man einen Streit brechen kann.

HEINZ ERHARDT wurde am 20. Februar 1909 in Riga geboren. Er verbrachte einige Jahre in Hannover und Leipzig, wo er Musik studierte, bevor er sich in Hamburg niederließ. Dort lebte er mit seiner Frau und seinen vier Kindern bis zu seinem Tode am 5. Juni 1979. Als Humorist, Kabarettist, Schauspieler, Komponist, Musiker und Dichter prägte er maßgeblich den Humor der Nachkriegszeit in Deutschland.
Heinz Erhardt trat mit seinen Texten auf Kabarett- und Theaterbühnen auf, begleitete sich selbst am Klavier und wusste zur Begeisterung des Publikums immer „noch 'n Gedicht“ vorzutragen.
Er war einer der beliebtesten Radiomoderatoren und später in vielen Kino- und Fernsehfilmen zu sehen. Heinz Erhardt gehört zu den erfolgreichsten deutschen Humoristen, seine einzigartigen pointierten Wortspielereien sind bis heute Kult und viel zitiert.

LUISA LAU (verh. Haacker) studierte Kommunikationsdesign und Illustration in Hamburg. Die Mutter zweier erwachsener Kinder – Urenkel von Heinz Erhardt – illustrierte 1997 das erste Heinz Erhardt-Kinderbuch „Warum die Zitronen sauer wurden“.
Seit über zwanzig Jahren arbeitet sie als Illustratorin und Designerin und gründete 2010 ihre eigene Agentur. 2016 ergänzte sie ihr Portfolio um Graphic Recording, Visual Facilitation und ist zertifizierter Business-Coach. In dieser Kombination begleitet sie Unternehmen bei der Visualisierung von Prozessen und Visionen und gibt ihr Wissen mit Freude in Workshops weiter.

HEINZ ERHARDT GESCHENKBÜCHER

ISBN 978-3-8303-3707-2

ISBN 978-3-8303-3708-9

ISBN 978-3-8303-3723-2

ISBN 978-3-8303-3646-4

ISBN 978-3-8303-3678-5

ISBN 978-3-8303-3677-8

UND KALENDER

JEDES JAHR NEU!

ISBN 978-3-8303-2282-5

ISBN 978-3-8303-2283-2